# こうして知財は炎上する

## ビジネスに役立つ13の基礎知識

稲穂健市 Inaho Kenichi



NHK出版新書
558

# はじめに

知的財産権のことを知らないと、「やけど」をしかねない時代となった。

知的財産権とは、「人間の知的な創造活動によって生み出された経済的な価値のある情報を、財産として保護するための権利」のことである。

具体的には、小説・絵画・音楽などの著作物に関する「著作権」、発明に関する「特許権」、物品の形状や構造などの考案に関する「実用新案権」、物品のデザインに関する「意匠権」、商品・サービスに付ける営業標識に関する「商標権」などがある。知的財産権というのは、これらの権利の総称だ。

ここまで読んで、「じゃあ、私にはあまり関係がなさそう」と思われた方もいるかもしれない。しかし、近年はそうも言っていられないトラブルが、じつに急増している。

例えば、輸入販売していた商品が知的財産権の侵害品であることが発覚して販売中止に追いやられるとか、悪質な海賊版サイトに広告が出ていたという理由で社名が晒《さら》されるといったトラブルも起こっている。

こうした企業レベルのトラブルだけではない。自分のウェブサイトに載せていたイラストについて著作権侵害の警告がきたとか、それとは逆に、自分の作成した文章や写真が無断で他のウェブサイトに転載されていたなど、個人レベルでも知的財産権について対応しなければならない局面は増える一方であり、私も相談を受けることがよくある。

問題の背景には、知的財産権をめぐる状況が大きく変動していることがある。

最も大きな要因は、情報化社会の急速な進展であろう。私たちを取り巻く社会やビジネスが高度化する中で、知的財産権をめぐる状況も複雑化しているのだ。

具体的には、著作権、特許権、商標権といった、別々に発達してきた知的財産権が互いに絡み合う事例が増えてきた。国境を越えて情報がやり取りされる機会も多くなったため、「どの国の法律でどこまで対応できるのか」という問題も深刻さを増している。

また、複雑化にともなって、どこまでがセーフでどこからがアウトかといった権利侵害の線引きがわかりにくくなってきている。専門家でも判断が難しい事例が増えているのである。

さらに、無視できないのが、法的には問題がなくても「炎上」してしまうリスクが高まっていることだ。読者の記憶に新しいところでは、2017年1月に起こった「PPAP」の商標登録出願をめぐる騒動が挙げられるだろう。

出願したのが「言葉を流行らせた当事者ではない」という理由があったにせよ、数多くの出願の中から、「PPAP」が大騒ぎとなったのはなぜか？

その答えはシンプルで、「ずるい」と感じる方があまりにも多かったからだろう。本書で詳しく説明するが、どんな言葉を商標として出願しようと法的には何ら問題はない。だが、一般からの理解が得られなければ、獲得しようとしていた利益以上のものを失ってしまいかねない。これは知的財産の専門書などではあまり触れられないが、ビジネスとして考えた時の重要なポイントと思われる。

報道の問題もあるかもしれない。「JASRACなどの権利管理団体が権利のゴリ押しをしている」と聞くと、権利を持っている側が「ずるい」と感じられる。その一方で、「中国や韓国が日本の技術や著作物をパクっている」と聞くと、権利を持っていない側が「ずるい」となる。

また、一般の人たちの「知財リテラシー」の問題もあるが、ネットにおける「炎上」からメディアや世論がミスリードされることも増えてきている。2015年に起こった「東京五輪エンブレム騒動」などはその典型であろう。

知的財産絡みの騒ぎが起こると、筆者も各種メディアからコメントを求められることがあるが、中立的に発言したつもりでも、どちらかの肩を持っているかのように誤解されることも少なくない。実際、「どちらかがずるい」と断言できるほど単純化できないケースも多い。

例えば、既存のコンテンツを利用した二次創作は、基本的には権利侵害のものばかりである。そこで、権利者側が何も言い出していないのに、第三者が「パクリはずるい！ 権利侵害だ！」と騒ぎ立てることがある。その一方で、権利者側がパロディ作品の販売などを止めさせようと強く主張すると、第三者が「権利のゴリ押しはヒドイ！」と騒ぎ立てることもある。

このように、現代の知的財産権をめぐる問題では、法的にどうなのかといった話だけでなく、モラル的にどうなのか、社会的にどうなのかといった話もまた複雑に絡み合っている。「炎上」に代表されるように法律を越えた感情論が先行することも多く、その結果、企業・団体、一般の人が知的財産権に関して対応に苦慮することになるリスクは格段に高まっていると言える。

そこで本書では、読者の「知財リテラシー」を最大限高めるべく、以下の3つの特徴を盛り込みながら、イメージがしやすいように実例ベースで知的財産権に関する理解を深めてもらうことを目指した。

①読者が身近に感じられる事例をふんだんに盛り込み、それらを知的財産権で揉《も》めることの多いパターンごとに解説することで、楽しく学べるようにした。読者の理解が一層深まるよう、独自の調査や取材の内容も多く盛り込んだ。

②著作権、特許権、商標権など複数の知的財産権とその関連知識を、網羅的かつ段階的に学習できるよう、事例については意図的に選択して配列した。そのため、最後まで読み進めるだけで、広範な知的財産権に関するエッセンスが習得できるようになっている。

③各種のビジネスに関連した多様な事例を紹介しているため、特定の業種や職種に限られない知的財産権に関する実践的な知識が得られ、現実のビジネスの場でも役立てられるようになっている。

具体的には、読者が理解しやすいよう、各事例を4つに類型化して解説している。第1章では、主に権利を主張する側の行為に起因する揉めごとを取り上げ、続く第2章では、主に他人のものを模倣・流用する側の行為に起因する揉めごとを取り上げた。さらに第3章では、知的財産制度に関する認識のズレに起因する揉めごとを取り上げ、最後の第4章では、知的財産制度にある「抜け道」の存在に起因する揉めごとを取り上げている。

本書は、知的財産権について本格的に勉強したことのないビジネスマンを中心に、自営業・学生・主婦の方々に幅広く楽しく学んでいただくことを目的にした本であるが、ある程度の知識のある方々や専門家の方々でも、読み物として楽しめる工夫を施した。

なお、法律や権利ごとの説明には必ずしもなっていないため、混乱した時は「本書を読む前に」に戻っていただければと思う。

みなさんの知的財産権に関する理解の向上に、本書が少しでも役立てば本望である。

平成30年6月吉日　　稲穂　健市

こうして知財は炎上する——ビジネスに役立つ13の基礎知識　目次

校閲　猪熊良子
図表作成　手塚貴子
ＤＴＰ　佐藤裕久

## 本書を読む前に――知的財産権って何？

大枠を理解するために、知的財産権の種類を一覧として次のページにまとめた（「その他」については書籍によってその記載にばらつきがある）。まずは、これだけ多くの知的財産権があるということを理解しておいてもらいたい。

いきなりたくさんの「知的財産権」が登場して、面食らっている方も多いかもしれないが、これらは大まかに言って、（A）文化に関する「著作権」、（B）産業に関する「産業財産権」、（C）「その他」の3種類に分けられる。

以下、それぞれの権利について簡単に説明しよう。

### A　著作権

**①著作者の権利**　小説・絵画・音楽などの「著作物」を創作した時に発生する権利である。国に登録しなくても自動的に権利が発生する（これを「無方式主義」と言う）。このような仕組みになっているのは、文芸、学術、美術、音楽など「文化」に関するものは、「国

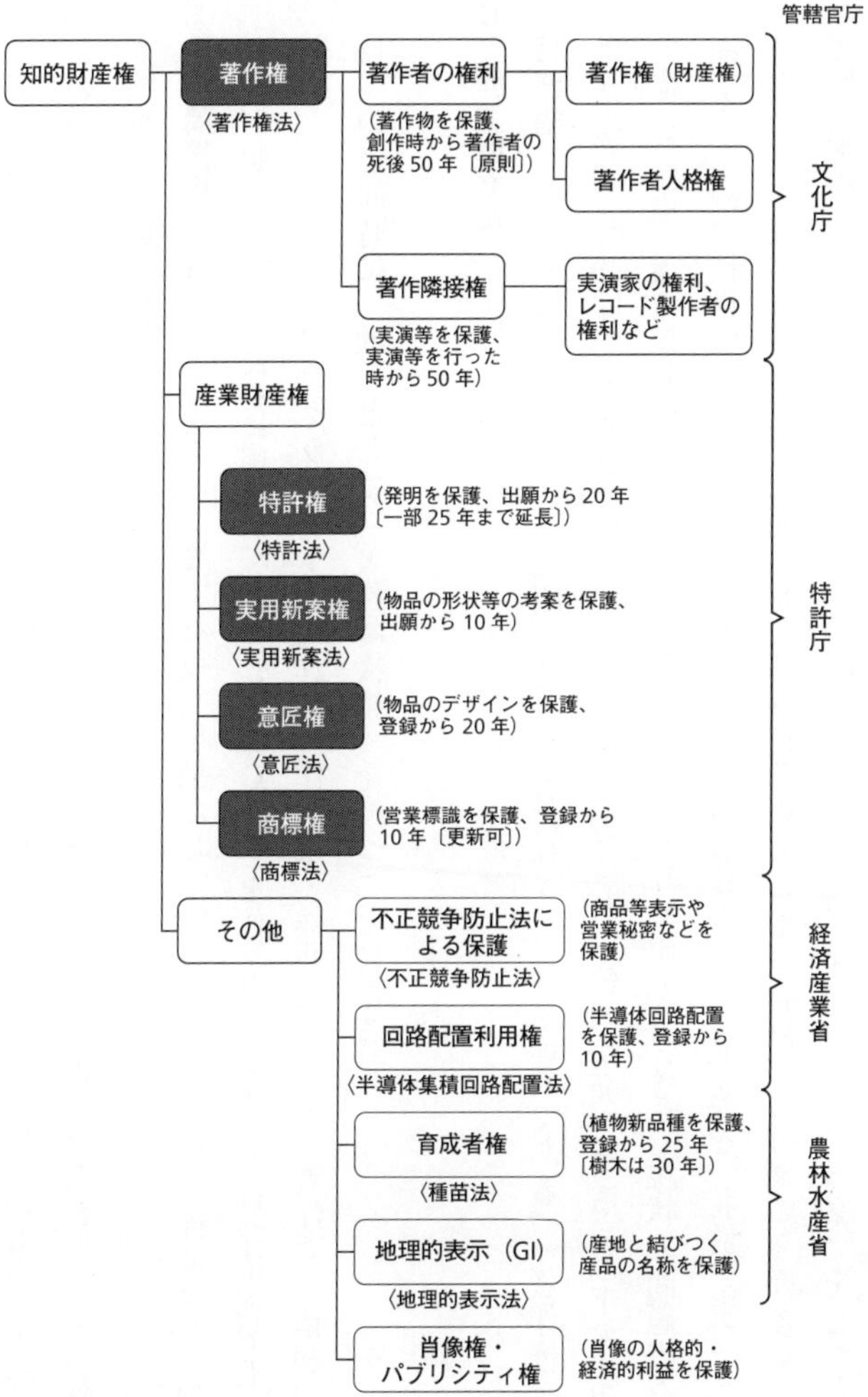


知的財産権の種類と保護の体系

による「お墨付き」といった考え方が馴染まないためだ。著作物を創作した者を「著作者」といい、経済的な権利である「著作権（財産権）」と、精神的に傷つけられない「著作者人格権」という権利を持つ。

**②著作隣接権**　著作物を公衆に伝達する役割を果たしている実演家（歌手、俳優など）やレコード製作者（音を最初に固定（録音）して原盤（CD等）を作った人）などが持つ権利である。だから、シンガーソングライターであれば、作詞家・作曲家として「著作者の権利」を持つのと同時に、歌手として「著作隣接権」を持つことになる。

**B　産業財産権**

**①特許権**　今までにない新しい「発明」をした者に与えられる権利である。「著作権」とは異なり、特許庁での審査を経て国に登録されることで権利が発生する（以下の実用新案権、意匠権、商標権も同様である）。発明とは、わかりやすく言うと、現状の問題点を解決するための技術的なアイデアのことだ。国が特許権を与える行為を「特許」と呼ぶが、日常会話では、特許を受けた発明や、特許権そのものも「特許」と呼ぶことが多い。

**②実用新案権**　物品の形状や構造などに関する、今までにない新しい「考案」をした者に

与えられる権利である。考案とは、大ざっぱに言えば、物品に対してちょっとした工夫を施した「小発明」のことを指す。形式的な要件を満たしているものであれば例外なく登録されるが、他人に対して権利を行使する際には追加の手続きが必要になる。

**③意匠権**　今までにない新しい「意匠」の創作をした者に与えられる権利である。意匠とは、「美感を起こさせる物品の形状、模様、色彩など」（物品のデザイン）のことを言う。

**④商標権**　商品・サービスに付ける名称・シンボルマークといった営業標識（商標）を使用する者に与えられる権利である。特許権、実用新案権、意匠権が「知的創造物に関する権利」であるのに対して、商標権は「営業標識に関する権利」である点が異なっている。何度でも権利の更新が可能な点も他の権利とは異なる。商標の登録を受けることを「商標登録」と言い、登録された商標を「登録商標」と言う。

## C　その他

**①不正競争防止法による保護**　特に権利を与えることなく、他人が築いた信用にタダ乗りする行為や、営業秘密を不正な手段で取得・使用・開示する行為など、「不正競争行為」として定められている一定の行為を直接規制する。

<table>
<tr><th></th><th>知的創造物に関する権利</th><th>営業標識に関する権利</th></tr>
<tr><td>自動的に権利が発生</td><td>著作権<br>保護対象：著作物<br>保護期間：原則、著作者の死後50年</td><td></td></tr>
<tr><td rowspan="3">国が権利を付与</td><td>特許権<br>保護対象：発明<br>保護期間：原則、出願日から20年</td><td rowspan="3">商標権<br>保護対象：商品・サービスの目印<br>保護期間：登録日から10年〈更新可〉</td></tr>
<tr><td>実用新案権<br>保護対象：物品の形状等の考案<br>保護期間：出願日から10年</td></tr>
<tr><td>意匠権<br>保護対象：物品のデザイン<br>保護期間：登録日から20年</td></tr>
</table>

知的財産権のマトリクス

**②回路配置利用権**　半導体集積回路の回路配置（レイアウト）についてその創作者などに認められる権利である。

**③育成者権**　品種改良によって生み出された植物の新たな品種を登録することで与えられる権利である。

**④地理的表示（GI）**　地域ブランド産品の名称は、その産品の品質や評価がその産地と結びついている場合、「地理的表示」として保護される。

**⑤肖像権・パブリシティ権**　肖像権は「自己の肖像をみだりに撮影されたり公表されたりしない権利」、パブリシティ権は「有名人が自己の氏名や肖像を商業的に利用することができる権利」である。法律などで明記されている権利ではなく、判例などを通じて、事実上認められているものである（「人間の知的な創造活動によって生み出された」とは言いがたいため、知的財産権の一覧に登場させていない書籍も多い）。

# 第1章　こうして知財は炎上する

## 1　その過剰な自粛要求は認められるか？

### 羽生結弦はなぜプーさんを連れていなかったか

この章で扱うのは、主に権利を主張する側の行為に起因する揉めごとである。

近年話題になった日本オリンピック委員会（JOC）などによる便乗商法の自粛要求や、日本音楽著作権協会（JASRAC《ジャスラック》）による楽曲使用料の徴収といった例を見ながら、権利者が果たしてどの範囲まで権利を主張することが妥当なのかを考えてみたい。

2018年4月、同年2月の平昌《ピョンチャン》五輪で金メダルを獲得したフィギュアスケートの羽生結弦《はにゅうゆづる》選手が、出身地の宮城県仙台市内で凱旋《がいせん》パレードを行った。パレードコースとなった東二番丁通りは、筆者の自宅のすぐ近くにある。

当日の朝、通りに出た筆者は沿道に群がる群衆に驚かされた。まだパレード開始の3時間前だったからである。開始直前に改めて訪れると、さらに人が増えている。主催者側の発表で10万8000人集まったというから、仙台市の人口のほぼ1割だ。羽生選手の人気には凄《すさ》まじいものがある。

ご存知の方も多いかと思うが、羽生選手の大のお気に入りは「くまのプーさん」である。プーさんはミッキーマウスなどと並ぶディズニーキャラクターのひとつとして知られているが、ウォルト・ディズニーによるオリジナルキャラクターではない。もともとは1926年に発表された英国の児童文学作家A・A・ミルンによる児童小説であり、これに英国の挿絵画家E・H・シェパードが挿絵を付けたものが絵本として販売されたのだ。

日本では小説の著作権は2017年5月に切れたが、シェパードはミルンよりも20年も長生きしたため、挿絵の著作権は存続している（著作権の保護期間は、原則、著作者の死亡時を基準に計算されるため[*1]）。

今よく見かけるプーさんは、シェパードの挿絵とは随分と異なっている。1961年以降は、プーさんに関する「商品化権」はディズニー社[*2]が管理するようになり、もともと

---

＊1　ミルンは英国人であるため、死去した1956年から死後50年に約10年5ヶ月の「戦時加算」（199ページ参照）を加えた2017年5月に著作権の保護期間が満了した。なお、シェパードの挿絵はもちろんのこと、日本語訳された児童小説については訳者の著作権が及ぶため自由には使えない。

＊2　正しくは、ウォルト・ディズニー・カンパニー。現在、ディズニー社の知的財産権は同社の権利管理会社である「ディズニー・エンタープライゼズ・インク」が管理している。

右：A.A.ミルン『クマのプーさん』（岩波少年文庫）、左：くまのプーさんのイラスト（商標登録第1369224号）

ミルン本人との契約で北米での権利を持っていたステファン・スレシンジャー社のデザインをディズニー風にしたものが使われるようになった。

ここで言う「商品化権」とは、漫画やアニメーションのキャラクターを商品化する権利の通称で、実態としては、「本書を読む前に」で説明した著作権、商標権、意匠権などの各種の知的財産権をまとめたものであることが多い。

ディズニー社は日本でも映画興行などのビジネスを開始し、1970年代にはすでにプーさんのイラストを商標登録している（商標登録第1369224号など）。

これまで羽生選手は、このプーさんをぬいぐるみやティッシュケースというかたちで、リンクに持ち込んでいた。ところが、平昌五輪では、観客席から多くのプーさんが投げ込まれたものの、羽生選手自身はプーさんを連れていなかった。

これは、国際オリンピック委員会（IOC）が知的財産の取扱いに厳しいためである。五輪ではスポンサー企業が巨額のスポンサー料を支払っている。そのため、テレビなどの映像にプーさんが映ってしまうと、スポンサー料を支払っていないディズニー社などの宣伝となってしまう。羽生選手がプーさんを持ち込まなかったのは、それを避ける「大人の事情」だったというわけだ。

## 五輪が「便乗商法」に神経質な理由

五輪の商業化を懸念する声は以前から聞かれるが、そのスポンサーシップ構造は意外と複雑だ。具体的には、IOCが管理する「ワールドワイドオリンピックパートナー」を頂点に、各国のオリンピック委員会（NOC）と大会組織委員会（OCOG）のスポンサーが段階的に位置付けられている。

「ワールドワイドオリンピックパートナー」になるには、多額のスポンサー料が必要になると言われており、2015年から10年契約したトヨタ自動車の協賛金は総額で2000億円程度と言われている。驚くような金額だが、一業種一社という制限があるため、スポンサーは実質的な独占権を得ることができる。

2020年東京五輪では、日本オリンピック委員会（JOC）のマーケティング資産（ロゴや呼称など）の使用権が、東京オリンピック・パラリンピック競技大会組織委員会（東京

2020組織委員会）に移管され、大会の権利と共に販売される形式が取られている。

そして、「東京2020スポンサーシッププログラム」には、Tier 1、Tier 2、Tier 3という3つのレベルがあり、これらはその上に位置付けられる「ワールドワイドオリンピックパートナー」とは異なり、権利行使できる領域が日本国内に限定される（ただし、パラリンピックに関する権利も含まれる）。

正式には発表されていないが、いずれのレベルにおいても巨大な金額であることは間違いない。もしスポンサーではない企業や団体が五輪のロゴを使ったり、五輪を思い起こさせる宣伝活動をできたりするのであれば、この巨額のスポンサー料を支払う意味がなくなってしまう。だからこそ、IOCは知的財産の取り扱い、特に「便乗商法」の存在に非常に神経質になっているのだ。

五輪に限らず、サッカーのワールドカップなど、大型イベントに便乗して公式スポンサーでない企業などが自己の商品の宣伝や販売をしたりする「便乗商法」を、「アンブッシュマーケティング」（ambush marketing）と呼ぶ。

「アンブッシュ」とは「待ち伏せ」という意味であり、IOC及び各国のNOCやOCOGなどが、自らの収益モデルを悪質な待ち伏せ者から守るべく「アンブッシュマーケテイング」の防止に取り組んでいるのは当然のことと言える。

ちなみに、「アンブッシュマーケティング」が初めて注目されたのは、1984年のロサンゼルス五輪と言われている。富士フイルムが公式スポンサーとなっていたのに、それと競合するイーストマン・コダック社が大会を放映するテレビ局のスポンサーや米国陸上チームのサプライヤーとなって、広告宣伝活動を大々的に行ったことから、同社が大会の公式スポンサーであると勘違いする人が出てきたのである。

## 「アンブッシュマーケティング」は違法か

だが、ここで少し考えてみたい。そもそも、この「アンブッシュマーケティング」という方法は違法なのであろうか？

たしかにIOC、JOC、東京2020組織委員会などは、五輪に関連する知的財産を保有しており、それらは、「本書を読む前に」でも触れた商標法、著作権法、不正競争防止法などの知的財産法によって保護されている。

商標法については、「OLYMPIC」「オリンピック」「がんばれ！ニッポン！」や五輪マークなどを、IOCやJOCが商標登録している（商標登録第991160号、商標登録第

２６５２２０号など）。さらに、東京２０２０の大会エンブレムは東京２０２０組織委員会が商標登録している（商標登録第６００８７５９号及び第６００８７６１号）。マスコットキャラクターの商標も出願済みだ（商願２０１７－１５９９８９及び２０１７－１５９９９０）。

東京2020エンブレム

東京2020マスコットキャラクター

　そのため、無関係の第三者が自己の商品・サービスの「目印」として、先ほど挙げた登録商標やそれと類似するものを使用すると商標権侵害にあたる可能性がある（70ページ参照。また、商標法には、非営利の公益団体・公益事業を表示する名称・マーク（五輪に関連したものを含む）などを登録できないという規定もある）。

　ところで、首都圏でホームセンターなどを展開する「Olympicグループ」は問題ないのか？　同社については、２０１３年９月30日の日本経済新聞の記事に、「ＪＯＣとの話し合いで現状維持」と書かれている。１９６２年創業で、五輪とは関係なく長年日本国内で使われてきたことも関係しているのだろう。同社に問い合わせたところ、「**現状の店名等**

| | |
|---|---|
| 言語の著作物 | 論文、小説、脚本、詩歌、俳句、講演など |
| 音楽の著作物 | 楽曲及び楽曲を伴う歌詞 |
| 舞踊、無言劇の著作物 | 日本舞踊、バレエ、ダンスなどの舞踊やパントマイムの振り付け |
| 美術の著作物 | 絵画、版画、彫刻、漫画、書、舞台装置など（美術工芸品も含む） |
| 建築の著作物 | 芸術的な建造物（設計図は図形の著作物） |
| 地図、図形の著作物 | 地図と学術的な図面、図表、模型など |
| 映画の著作物 | 劇場用映画、テレビ映画、ビデオソフト、ゲームソフトなど |
| 写真の著作物 | 写真、グラビアなど |
| プログラムの著作物 | コンピュータ・プログラム |
| 二次的著作物 | 上表の著作物（原著作物）を翻訳、編曲、変形、翻案（映画化など）し作成したもの |
| 編集著作物 | 百科事典、辞書、新聞、雑誌、詩集など |
| データベースの著作物 | 編集著作物のうち、コンピュータで検索できるもの |

著作物の種類（出典：著作権情報センターホームページ）

**への使用については容認されていると認識しております**」との回答が得られた。

次に著作権法だが、大会エンブレムやマスコットキャラクターの絵柄などが「著作物」と認められる場合は、著作権法による保護を受けることができる。

著作物とは、「文芸、学術、美術、音楽などの分野で、人間の思想・感情を創作的に表現したもの」をいい、表に示したものが著作権法で具体的に例示されたものである。

シンプルすぎる図形や絵柄の場合、「創作的な表現」ではなく「ありふれた表現」であるとして著作物性が認められないこともあるが、[*3] 今回の大会エンブレムとマスコットキャラクターの絵柄は「美術の著作物」として保護されうる表現だと思う。

そのため、これらと同じものや類似するものを勝手に複製して販売したりすると、著作権侵害に問われる可能性がある（著作権侵害かどうかは、「依拠性」（オリジナルを利用して作ったこと）と「類似性」（オリジナルと表現が類似していること）があるかどうかで判断される）[*4]。

最後に不正競争防止法による保護について見てみよう。

不正競争防止法は、具体的に「周知な他人の商品等表示（商品の出所や営業の主体を表す表示）と同一または類似の商品等表示を使用して混同を招く行為」や「著名な他人の商品等表示と同一または類似の商品等表示を使用する行為」を不正競争行為として挙げており、さらに、ＩＯＣを含む「国際機関の名称・マークと同一または類似のものを商標として使用する行為」を禁ずる規定もある。

だから、五輪に関連した名称・マーク・マスコットキャラクターや、それらに類似のものを勝手に使用すると、不正競争防止法に違反する可能性がある。

五輪関連の商標や著作物を流用・模倣した「直接的」な「アンブッシュマーケティング」は違法となる可能性が高いが、逆に言えば、単に五輪のイメージや雰囲気を思い起こさせるに過ぎない場合など、前述の条件に当てはまらない「間接的」なものであれば、「違法なアンブッシュマーケティング」とはならない可能性が高いということになる。

## 厳しすぎる東京２０２０組織委員会の基準

そうでありながらもＩＯＣ、ＪＯＣ、東京２０２０組織委員会などは、「間接的」であれ「アンブッシュマーケティング」となりうるものは可能な限り排除したい考えのようだ。

実際に、東京２０２０組織委員会の「大会ブランド保護基準」には、次のようなことが書かれている。

以下のような用語を用いてオリンピック・パラリンピックのイメージを流用することもアンブッシュ・マーケティングととられる場合がありますので使用しないでください。

＊3　かつて五輪マークの著作物性について争われた裁判では、「比較的簡単な図案模様に過ぎないと認められる」として、その著作物性が否定されたことがある。

＊4　作った本人がオリジナルを見たことも聞いたこともなければ「依拠性」はない。また、多くの判例では、オリジナルの「表現上の本質的な特徴を直接感得できる」場合に「類似性」があるとされている。

例：

TOKYO 2020 ●●●●●●●
●●●リンピック
祝！東京五輪開催
２０２０ スポーツの祭典
目指せ金メダル
ロンドン、リオ、そして東京へ
２０２０へカウントダウン

どうだろうか？　たしかに「ＴＯＫＹＯ　２０２０」は商標登録されている（商標登録第５６２６６７８号）。だが、自己の商品・サービスの「目印」として使用するのでなければ、そもそも「商標」として使用しているわけではないので、商標権侵害には該当しない。「祝！東京五輪開催」以降の用語に至っては、商標登録されているわけでもない。

また、いずれも短すぎる文章であるため、「創作的な表現」とは言えず、著作物であるとも考えにくい。さらに、これらの用語を使うだけで出所混同のおそれが生じる状況でもなければ、不正競争行為にあたる可能性も低いだろう。ここまでくると、ほとんど「言葉狩り」である。東京2020組織委員会の基準は不当に厳しすぎるように感じられる。

東京2020組織委員会に対して見解を尋ねたところ、「**アンブッシュ・マーケティングにあたるかは、使用される態様やデザイン等、また商業性の有無等を総合的に勘案し、個別に判断しております**」との回答が得られた。

もっともではある。だが主催者側としては、スポンサー収入を柱とするビジネスモデルを維持することが死活問題であるから、「アンブッシュマーケティング」にあたる範囲は、なるべく広めに考えたいというのが本音ではないだろうか。その証拠にIOCは開催国に対して「アンブッシュマーケティング」をより明確に取り締まる立法措置を求めている。

要望を受けて、2012年のロンドン五輪では、「五輪との関連を示唆するあらゆる表現」を規制する法律が制定され、「ロンドン五輪関連権」(London Olympic Association Rights)という権利まで作られたし、2016年のリオデジャネイロ五輪では、さらに厳しく、商業的な使用だけにとどまらず、非商業的な使用まで禁ずる法律が制定された。

一方、日本はどうか。わが国では2018年3月、政府や超党派のスポーツ議員連盟が「必要以上の法規制は、大会の盛り上がりに水を差す」として、「アンブッシュマーケティング」を取り締まる法律の制定を見送る方針を固めた。

この背景として、同年2月の平昌五輪において、日本代表選手の所属する会社や学校が主催する壮行会の公開やパブリックビューイングの実施をＪＯＣが制約したことが問題となったことがあると思われる。

## 話題となったナイキ社のキャンペーン

ＪＯＣがそのような行動を取ったのは、壮行会やパブリックビューイングが会社や学校の「宣伝行為」に該当すると判断したからであるという。

会社や学校としては、自分たちの送り出した選手が大会で頑張るのを心から応援したいと考えているのだろうし、前述のような違法なケースに該当するのでなければ、壮行会やパブリックビューイングそのものに法的な問題があるわけでもない。選手の地元商店街でも純粋に応援したいと考えているところもあるだろうし、すべてを「アンブッシュマーケティング」として「一括《くく》り」にすることには納得できない人もいることだろう。

事実、ＪＯＣに対して反発の声が上がり、日本商工会議所などが「純粋に大会を盛り上げようとする地域の活動や応援にまで制限をかけることは行き過ぎ」「今後の機運盛り上げに水を差しかねない新たな法制化には反対」などと改善を求める事態にまで発展した。

先ほど説明した「用語の使用制限の要請」も含めて、個人的には、もっと大きな騒ぎとなっても何ら不思議ではないと思っているが、事情をよく知る人の間やネット上の一部で批判はあるものの、問題視する声はそれほど大きくなっていない。これには日本のテレビ局（NHK及び民放各社）がIOCに多額の放送権料を支払っており（2018年から2024年の4大会合わせて1100億円）、また、主要な新聞社が、いずれも東京2020のTier 2またはTier 3のスポンサーになっていることが関係しているのかもしれない。

いずれにせよ、壮行会やパブリックビューイングの様子がテレビなどで流れた場合、会社や学校の宣伝となるのは事実だし、地元商店街の応援キャンペーンが話題となって客が大勢集まり売上が大きく伸びれば、便乗商法という批判を完全に否定するのも難しい。

ただ、「アンブッシュマーケティング」の規制は、本来、大会の公式スポンサーを守ることを目的とするものである。こうした地域の活動や応援などよりも、公式スポンサーではない企業の巧みな「アンブッシュマーケティング」のほうが、「公式スポンサーを守る」という観点では問題が大きいのではないか。

米スポーツ用品大手のナイキ社は、大型イベントに便乗した「アンブッシュマーケティ

2012年ロンドン五輪の際にナイキ社が制作したCM。世界各地のLondonが登場する(公式サイトより)

ング」を合法的に仕掛けている。例えば、2012年ロンドン五輪における公式スポンサーはドイツのアディダス社であったが、ナイキ社は、「Find Your Greatness」(自分の偉大さを探せ)というキャンペーンを展開した。

同社は、野球、水泳、マラソンなどの様々なスポーツをする人々の映像のところどころに「London」という文字の入ったCMを流したのである。このCMに登場する「London」は、英国のロンドンとは関係のない世界各地の実在する地名や施設名である。新たな立法措置をすり抜ける巧みな「アンブッシュマーケティング」は大きな話題となった。

## 大会エンブレムを使用した「平成32年」の偽メダル

もちろん、あからさまに違法な便乗商法もあとを絶たない。

2018年5月、東京五輪・パラリンピックの大会エンブレムを無断で使った偽メダルを販売目的で所持していた容疑で、大阪市に住む会社員の男が商標権侵害の容疑で逮捕された（知的財産権の侵害行為は刑事罰にもなっている）。[*5] そのメダルの上には絶対にくることのない「平成32年」の文字が彫られていたという。

この偽メダル、もともとは中国の通販サイトで売られていたそうだ。今後もこういった偽物が中国から流入してくる可能性は高い。

JOCや東京2020組織委員会が炎上しかねない事態となったのは、主催者側や公式スポンサーにとって明らかに有害な便乗商法と、地域や有志による応援活動をいっしょくたに扱っているように見えたからであろう。

そういった姿勢は、例えば「大会ブランド保護基準」において、いくつかの用語とともに、「アンブッシュ・マーケティングととられる場合がありますので使用しないでください」としか書かれていないところにも表れているように思える。

明確な基準を書いてしまうと、それをすり抜けようとする輩《やから》は必ず出てくるであろうから、どこまで書くべきか悩ましいところはあるかもしれない。だが、そうであっても、ど

＊5　特許権や商標権などの産業財産権の侵害行為の処罰は、被害者の告訴を必要としない「非親告罪」となっている一方、著作権の侵害行為の処罰は、一部の例外を除き、被害者の告訴が必要な「親告罪」となっている。

うといった使い方をしたら問題となり、また、逆に問題とはならないのか、その基準を丁寧に説明した上で、問題となるケースには個別に対応する姿勢が、五輪やワールドカップといった大型の国民的イベントの際には求められているのではないだろうか。

## 2 その権利のゴリ押しは認められるか？

### 著作権の「集中管理」は必要か

2017年2月、JASRACが音楽教室から楽曲の著作権料として受講料収入の上限2・5％を徴収する方針を決定したことが波紋を呼んだ。「子供たちの通う音楽教室からもお金を徴収するなんて」「JASRACはカスラック」など、インターネットを中心に感情的な反発が高まったのだ。また、作詞家の及川眠子《おいかわねこ》さんなど一部のアーティストが違和感を表明したことも、大きな騒動に発展した一因となった。

反発した音楽教室側は「音楽教育を守る会」を結成し、JASRACからの料金徴収に断固反対する意思表明を行った。筆者は仙台市内の音楽教室でヴァイオリンを習っているが、その音楽教室でもＪＡＳＲＡＣに反対する署名運動が行われていた。

そもそもＪＡＳＲＡＣは、音楽の著作権を集中管理する団体である。ホームページには、「音楽の著作物の著作権を保護し、あわせて音楽の著作物の利用の円滑を図り、もって音楽文化の普及発展に寄与すること」が目的として書かれている。

１９３９年に設立されて以来、音楽著作権の管理は、ＪＡＳＲＡＣが独占する状態にあった。２００１年に著作権等管理事業法が施行され、他社も参入できるようになったが、[*6] ２０１８年6月現在、プロの楽曲の90％以上はＪＡＳＲＡＣが管理している。海外にも同じような著作権管理団体があり、ＪＡＳＲＡＣは相互管理契約を通じて、海外の楽曲の日本における利用許諾の窓口にもなっている。

作詞家や作曲家などのクリエイターが創作する作品については、その創作と同時に著作権が発生する。クリエイターは、たいてい音楽出版社を通じて作品を出すため、その著作権が音楽出版社に移ることも多い。そして、クリエイターまたは音楽出版社がＪＡＳＲＡＣと信託契約を結ぶと、著作権がＪＡＳＲＡＣに預けられる。

＊6　ＪＡＳＲＡＣ以外には、NexToneがある。エイベックス・ミュージック・パブリッシング、フェイス、アミューズなどが株主となっている。

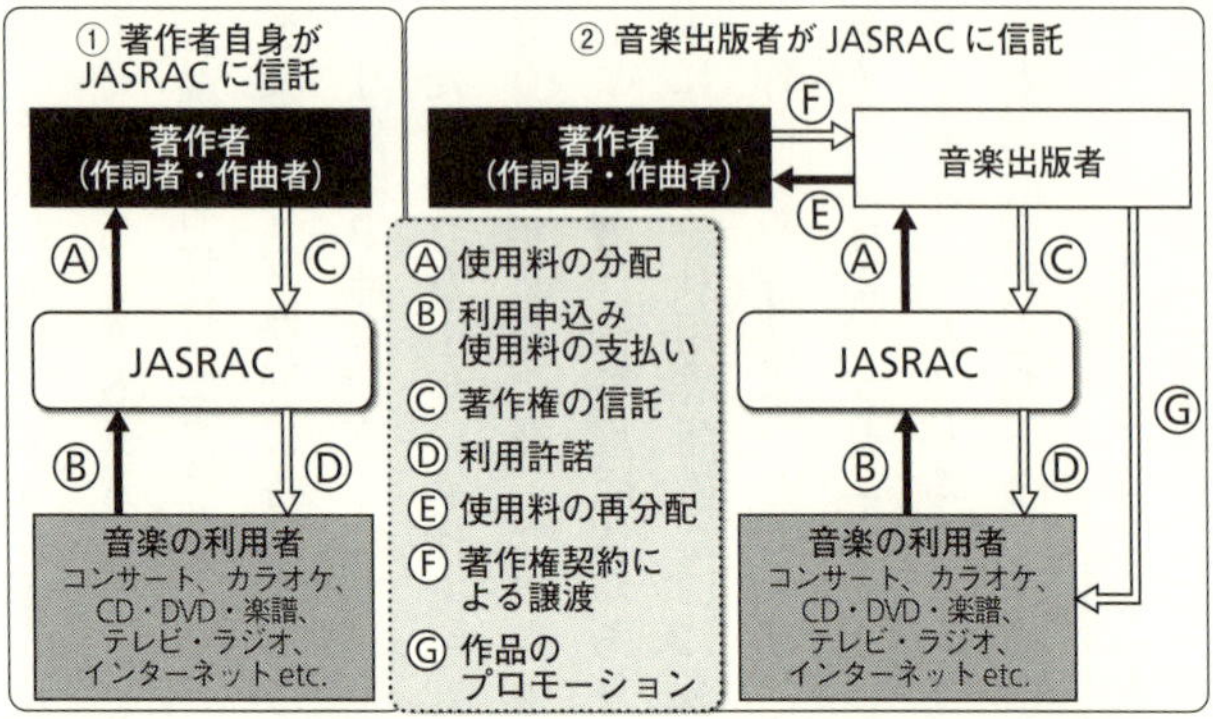

JASRAC を介した著作権管理（JASRAC ホームページ掲載の図を基に作成）

ここで言う「信託」とは、「信用できるところに権利を預ける」といった意味合いと考えてもらってよい。そうすることで、ＪＡＳＲＡＣが形式的な著作権者（著作権を有する者）となり、音楽の利用者に対して利用の許諾をすることはもちろん、著作権の侵害行為などに対して直接警告や訴訟を起こすこともできるようになるわけだ。

なお、信託契約時に、預ける側はＪＡＳＲＡＣに対して信託する範囲を指定することもできる（ただし、ＪＡＳＲＡＣは「替え歌」や「編曲」に関する権利（「翻案権」など。42ページ参照）は管理していない）。

こういった「集中管理」には多くのメリットがある。音楽を使いたいと思った時に、クリエイターや音楽出版社を探し出してひとつひとつ契約を結んでいくのは大変である。また、音楽を使わせる側にしても、権利処理における業務上の負担は大きい。著作権を一元的に管理してくれるところがあれば、音楽を使う側も使わせる側もこれらの労力から解放される。

もちろん、マイナスの面がないわけではない。例えば、クリエイターは著作権を信託することで、信託した範囲内では、自分の作品の利用について細かく指図することができなくなるし、自分で自分の作品を使う際にも手続きが必要となる。それでも、多くのクリエイターや音楽出版社がＪＡＳＲＡＣを使うのをやめないのは、「集中管理」のメリットのほうが遥かに大きいと認識しているからだ。

## JASRACだけがなぜ批判されるのか

権利管理団体というと、ＪＡＳＲＡＣばかりが注目されるが、他にもたくさんの団体がある。著作権等管理事業者として文化庁に登録されている団体は、２０１８年4月現在で27団体ある。例えば、著作物の複写等に関する権利は「日本複製権センター（ＪＲＲＣ）」が集中管理している。

著作物を創作しなくても、それを公衆に伝達する役割を果たしている実演家やレコード製作者などについては、「実演家（歌手、俳優など）の権利」や「レコード製作者（音を最初に固定（録音）して原盤（ＣＤ等）を作った人）の権利」などの「著作隣接権」が認められており、これらについても権利管理団体が存在する。具体的には、「実演家の権利」を管理する「実演家著作隣接権センター（芸団協ＣＰＲＡ《クプラ》）」や、「レコード製作者の権利」を管理する「日本レコード協会（ＲＩＡＪ）」などである。

ＪＡＳＲＡＣが著作隣接権を管理していないことから、例えば、結婚式などで市販ＣＤ音源を利用した録音・録画物を作る場合、新郎・新婦など利用者側が「音楽特定利用促進機構（ＩＳＵＭ《アイサム》）」に申請し、同機構がＪＡＳＲＡＣなどに対する著作権処理と、日本レコード協会に対する著作隣接権処理を一括して代行することが多い。利用者と権利管理団体との間に権利処理団体が挟まるという複雑な構造となっているのだ。

このように権利処理にあたって様々な団体が存在するのだが、どういうわけか、ＪＡＳＲＡＣばかりが目立つことが多い。

その最大の要因はやはり、音楽が我々にとって大変身近なもので、また、ＪＡＳＲＡＣが使用料の徴収対象を次々と拡大している報道を目にする機会が多いからであろう。

実際に、音楽利用シーンの変化に合わせてＪＡＳＲＡＣは徴収対象を拡大してきた。社交ダンスが流行していた１９７１年には社交ダンス教室が徴収対象となり、その後に起こったカラオケブームでは、1987年に5坪以上のカラオケ店、続いて1998年には5坪未満のカラオケ店が徴収対象となった。

今世紀に入ってからも、2011年にフィットネスクラブ、2012年にカルチャーセンター、2015年にダンス教室（社交ダンス以外）、2016年に歌謡教室（カラオケ教室、ボーカルスクールなど）が次々と徴収対象となっている。

こういった一連の動きを見れば、「悪の組織」が次々と触手を伸ばしているように感じる方も少なくないだろう。

### ネガティブイメージと炎上の背景

このように、「音楽を利用する現場」からお金を巻き上げている印象が強いことが、JASRACの評判があまり良くない大きな理由になっているように思われる。

例えば、「結婚式場」や「葬儀場」でも、JASRACと契約しているところが多い。「結婚式」や「葬式」で音楽を流すのは、営利団体である結婚式場や葬儀場となることから、「公に」演奏する行為となって「演奏権」が及ぶと考えられているためだ（CDの再生も「演奏」

| | |
|---|---|
| 複製権 | 著作物を印刷、写真、複写、録音、録画などの方法によって有形的に再製する権利 |
| 上演権・演奏権 | 著作物を公に上演したり、演奏したりする権利 |
| 上映権 | 著作物を公に上映する権利 |
| 公衆送信権・公の伝達権 | 著作物を自動公衆送信したり、放送したり、有線放送したり、また、それらの公衆送信された著作物を受信装置を使って公に伝達する権利<br>＊自動公衆送信とは、サーバーなどに蓄積された情報を公衆からのアクセスにより自動的に送信することをいい、また、そのサーバーに蓄積された段階を送信可能化という。 |
| 口述権 | 言語の著作物を朗読などの方法により口頭で公に伝える権利 |
| 展示権 | 美術の著作物と未発行の写真著作物の原作品を公に展示する権利 |
| 頒布権 | 映画の著作物の複製物を頒布（販売・貸与など）する権利 |
| 譲渡権 | 映画以外の著作物の原作品又は複製物を公衆へ譲渡する権利 |
| 貸与権 | 映画以外の著作物の複製物を公衆へ貸与する権利 |
| 翻訳権・翻案権など | 著作物を翻訳、編曲、変形、翻案等する権利（二次的著作物を創作することに及ぶ権利） |
| 二次的著作物の利用権 | 自分の著作物を原作品とする二次的著作物を利用（上記の各権利に係る行為）することについて、二次的著作物の著作権者が持つものと同じ権利 |

著作権（財産権）の支分権（出典：著作権情報センターホームページ）

に含まれる[*7]。「著作権（財産権）」は様々な権利の束《たば》となっており、「演奏権」はそのひとつである。

ここで言う「公に」とは、「公衆に直接聞かせることを目的として」といった意味である。これを聞いて、「少数であれば『公衆』ではないのでは？」と疑問に思われた方もいることだろう。

だが、図に示したように、著作権法では、「特定少数」以外は「公衆」となる。「不特定」であれば、たった一人

|  | 特定 | 不特定 |
|---|---|---|
| 少数 | 公衆ではない | 公衆 |
| 多数 | 公衆 | 公衆 |

著作権法における「公衆」の概念図

であっても「公衆」なのである。そして、結婚式場や葬儀場から見ると、結婚式や葬式の参加者は「不特定」＝「公衆」にあたると考えることができる。

最近では、「音楽を利用する現場」にJASRACが問い合わせの電話をしてきたことがSNSなどに書き込まれるようになり、それもJASRACが炎上しやすくなっている一因となっている。

JASRACの立場からすると、音楽利用が見込まれる営業施設やイベントであっても、具体的な利用実態がわからないことも多いことから、結果として、電話などで問い合わせを行うことになる。JASRACの管理楽曲を使っていない可能性や、後述する「著作物が自由に使える例外」に該当する可能性もなくはないが、JASRACとしては情報が限られている時は事実関係を問い合わさざるを得ない（JASRAC

＊7　JASRAC側は、演奏する主体を「結婚式場」や「葬儀場」の経営者としている。この理屈を「カラオケ法理」という。カラオケの設備を支配・管理し、客の歌唱から営業上の利益を得ているのがお店側であることから、店側が著作権侵害の主体になるという最高裁判例から名付けられた。

の広報部に問い合わせたところ、**「最初から使用料を請求しているわけではなく、まずはJASRACの管理楽曲の利用の有無を確認する目的で問い合わせています」**との回答が得られた)。

しかしながら、問い合わせてくるJASRAC担当者の態度があまりよろしくないのか、SNSへの書き込みはJASRACに対して批判的なものが多く、さらにその投稿に過敏に反応した人たちの間で騒ぎとなって、火に油を注ぐ結果となっている。

このようにJASRACに対するネガティブなイメージが広がっていたところ、今回の音楽教室からの使用料徴収の一件で、「そんなところからも取るのか」と多くの人が感じたことが、今回の騒動の背景にあるように思われる。

## 暴利をむさぼっているのではないか

重要なポイントとして、音楽教室における一定の行為については、音楽教室側はすでにJASRACに対して使用料を支払っているということもある。

音楽教室側が作成するテキストにJASRACの管理楽曲が含まれる場合、音楽教室側は「複製権」に基づく使用料を支払っている。また、少なくとも年一回は「発表会」を開催する音楽教室が多く、そこで演奏する楽曲の中にJASRACの管理楽曲が含まれる場合、音楽教室側は「演奏権」に基づく使用料を支払っている。

いま問題になっているのは、ＪＡＳＲＡＣが、これに加えて教室でのレッスンにも「演奏権」が及ぶと主張していて、音楽教室側との長年の話し合いで折り合いがつかなかったことから、ついに強硬手段に出た点である。

前述したように、「演奏権」が及ぶかどうかは、「公衆に直接聞かせることを目的として」いるかどうかで判断できる。

「公衆」かどうかについては、音楽教室は受講料を支払いさえすれば誰でも受講できることから、レッスンでの演奏も「公衆」に対するものと判断される可能性が高い（今までの裁判では、ダンス教室で音楽を流すことも「公衆」に対するものであると判断されている）。

「直接聞かせることを目的」とした演奏なのかについては、音楽教室側は、あくまでも「教育（練習と指導）を目的」とした演奏であるから「演奏権」は及ばないと主張している。

たしかに、例えば発表会当日はきちんとした演奏を披露することになるから、「直接聞かせることを目的」としている。だが、それに向けた練習行為はどうであろうか？　例えば、筆者のように下手な生徒は同じ部分を何度も繰り返すことが多くなる。先生の側も生徒の演奏の完成度を上げるために、生徒が特に苦手とする部分に特化して演奏することになる。本番に向けての練習にもＪＡＳＲＡＣの許諾が必要というのは、感覚的には腑《ふ》に落ちないところもある。

とは言いつつも、今までの「演奏権」の解釈をめぐる裁判では、すべてＪＡＳＲＡＣが勝訴している。また、前述したように、すでに多くの「現場」が料金徴収に応じていることから、音楽教室の外堀はすでに埋められているといった見方も強い。

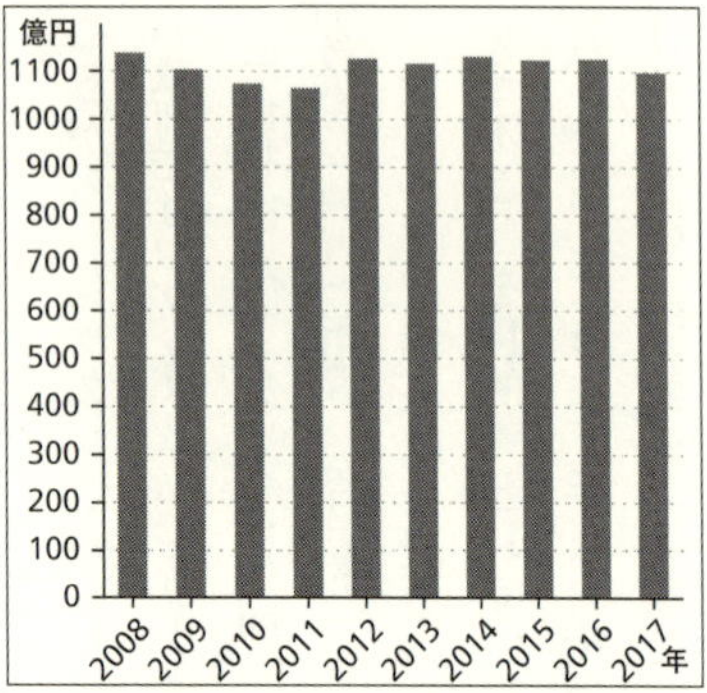


JASRACの使用料徴収額の推移（出典：JASRACホームページ）

こう聞くと、ＪＡＳＲＡＣが「権利のゴリ押し」をして「暴利をむさぼっている」と感じられるかもしれないが、意外にもそのようなことはない。手数料以外を権利者に分配する仕組みのため、基本的に利益は出ないようになっているからだ。また、ＪＡＳＲＡＣの使用料徴収額の推移を見ると、ほぼ横ばいとなっている。音楽ＣＤの売り上げが激減しており、さらに、音楽配信の売り上げもそれほど伸びていないからである。そういった深刻な状況にもかかわらず、安定した徴収額を維持しているのは、ＪＡＳＲＡＣがクリエイターに分配できるお金をきちんと確保しようと地道に努力してきた賜物《たまもの》であろう。

記録媒体からお金を取るモデルは近い将来崩壊するであろうし、音楽配信の売り上げがそれをカバーするほど伸びていない現状を考えると、実際に音楽が使われている「現場」に徴収対象をシフトしていくJASRACの方針自体は間違ってはいないように思う。

JASRAC側もこうした実態を世の中にもっと詳しく説明し、音楽の利用者に対して、より謙虚に協力を仰ぐ姿勢が求められているのかもしれない。これまでの裁判で「演奏権」は拡大解釈されてきたが、それを金科玉条のように主張するだけではなく、音楽文化の発展のために互いに何ができるのかといった観点で議論すべき段階に入ってきているように思う。

## 議論を呼んだ宇多田ヒカルさんのツイート

JASRACと音楽教室の対立が表面化した時、歌手の宇多田ヒカルさんが「もし学校の授業で私の曲を使いたいっていう先生や生徒がいたら、著作権料なんか気にしないで無料で使って欲しいな」とTwitterでツイートしたことが話題となった。

じつは、著作権法には、「営利を目的としない演奏」であれば、著作物を自由に使ってもよいという規定がある。[*8] これに該当するには、演奏が非営利目的で、聴衆から料金を受けず、演奏者に報酬が支払われない必要があるのだが、学校教育法上の「学校」とは異なり、音楽教室は営利目的で運営されていることから、そこでのレッスンの演奏は、これにはあたらないと考えられている。

そのため、「宇多田さんは著作権の制限規定のことをよくわかっていないのではないか?」と指摘する声もあったし、実際にそうなのかもしれない。だが、純粋にアーティストとしての思いを述べたものと捉えるのが素直な解釈であろう。

ちなみに、他人の著作物を使いたいと考えた時、いかなる場合でも、いちいち許諾が必要となってくると、かえって「文化の発展に寄与する」という著作権法の目的に反することになりかねない。そのため、著作物を自由に使える例外が規定されているのである。

JASRACと音楽教室側の対立が激化する中、2017年6月、音楽教室側はJASRACを東京地裁に提訴するとともに、確定判決が出るまではJASRACに徴収をさせないでほしいと文化庁に裁定を申請した。[*9]

2018年3月、文化庁はJASRACによる徴収開始を認めながらも、使用料の支払いを拒《こば》む音楽教室については司法判断が出るまで支払いを留保することができるという裁定を下した。両者の顔を立てた苦肉の策と言える。

今後の裁判の行方から目が離せないが、どちらが勝訴した場合であっても、日本の音楽文化全体の発展に繋《つな》がる方向性を目指すことはできないものだろうか？

例えば、ＪＡＳＲＡＣが勝訴した場合、音楽教室から使用料を徴収する代わりに、音楽教室側と一緒にイベントを開いて、音楽教室に通う生徒を増やすように努力するというのはいかがだろう？　逆に音楽教室側が勝訴した場合、演奏会などイベントの開催頻度を増やすことで、ＪＡＳＲＡＣに多めの使用料を支払うように努力するのだ。このようにして音楽を学ぶ人や音楽に関連したイベントを増やせば、著作権法の目的でもある「文化の発展に寄与する」ことにもなる。

裁判の結果だけがすべてではない。いがみ合わず、お互いのためになるようなアイデアを考えることも重要であろう。

＊8　「私的使用のための複製」、「営利目的以外の学校などにおける複製」等の場合も、著作物を自由に利用できる。
＊9　著作権等管理事業法に基づいたもので、これまで申請されたことは一度もなかった。

## 3　そのアイデアの独占は認められるか？

### アマゾン社は「ビジネスモデル特許」の先駆け

いま、日本のネット通販市場で大きな存在感を持っているのが、米「アマゾン・ドット・コム」（Amazon.com）の日本法人が運営する「Amazon.co.jp」と、「楽天」であろう。特にアマゾン社は、その膨大な取扱量が人手不足の運送業界に深刻な影響を与えていると、大きなニュースにもなった。

他のネット通販サイトと比較したアマゾン社のサイトの大きな特徴は、少ないクリック数で素早く注文できるという点にある。具体的には、ボタンを1回クリックするだけで、「ショッピングカート画面」を省略して注文することができる（もちろん、あらかじめ支払い情報と住所を登録しておく必要はある）。アマゾン社ではこの機能を「ワンクリック（1-Click）」と呼んでいる。

素早く商品を注文できる「ワンクリック」を独占すべく、同社は特許出願を行い、米国のほか日本などでも特許にすることに成功した（米国特許5，960，411、日本特許第4

９５９８１７号）。これは「ワンクリック特許」とも呼ばれる。

ワンクリック特許は、日本では１９９８年９月に出願されたので、20年後の２０１８年９月に存続期間が満了する。[*10] ネット通販の黎明《れいめい》期であった当時、「ビジネスモデル特許」の先駆《さきが》けとして大きな話題を呼んだことを覚えている筆者としては、感慨深いものがある。

Amazon.co.jpのワンクリックボタン

ビジネスモデル特許とは、ビジネス方法に関する発明を特許化したものだ。

同じころに日本で出願されたものとしては、例えば、凸版印刷の「広告情報の供給方法およびその登録方法」（通称「マピオン特許」、特許第２７５６４８３号）がある。今となっては当たり前のものだが、地図情報サイトで広告依頼主の位置に表示されるマークを閲覧者がクリックすると、それと関連付

＊10　米国では日本よりも1年早い１９９７年9月に出願されていることから、２０１７年9月で存続期間が満了した。日本の特許は「工業所有権の保護に関するパリ条約」の規定する優先権に基づき、米国出願を基礎にして1年後に日本に出願したものから分割されたものである（特許第４９５９８１７号以外に特許第４９３７４３４号も存在するが、内容はほぼ同じものである）。

けて記録されている広告が表示されるというものだ（1995年7月に出願されたため、2015年7月に存続期間は満了している）。

また、三井住友銀行の「振込処理システム」（通称「パーフェクト特許」、特許第3029421号）も話題となった。これは、ひとつの銀行口座について、仮想的な振込専用の口座を複数設けることで、利用者の利便性を高めるというものだ（1998年10月に出願されたため、2018年10月に存続期間が満了する）。

経営コンサルタントとして知られる大前研一氏は、これらよりも前にビジネスモデル特許を取得したと主張している。2000年5月、大前氏が司会を務めるテレビ東京系「大前研一のガラポン2000!!」（同年5月27日放映）を見ていたら、本人が「私が日本におけるビジネスモデル特許の元祖」などと、自慢げな口調で話を始めたのである。

それは、オムロンの「バンク・システム」（通称「スウィング特許」、特公平4－1381）といい、複数種類の口座間の資金移動を預金者に有利になるように自動的に処理するというものだ。最終的には権利化できていないが、テレビで大前氏は「圧力で潰された」と語っていた。当時のオムロンはATM機器などを銀行に納入しており、金融業界が「お客様」という立場であったことから、大前氏の言っていることにも信憑《しんぴょう》性はあるかもしれない。

ちなみに、筆頭発明者は大前氏で、それ以外の発明者としてオムロン創業者の立石一真氏の名前もある。マッキンゼー・ジャパンで活躍していた若き日の大前氏が同社を相手にコンサルティングをする中で出てきたアイデアだったのだろうか。

**「発明」とはどういうものを言うか**

もちろん、ビジネス方法はもちろんのこと、どんなものでも特許にできるというわけではない。特許を取るためには、具体的には次の要件を満たす必要がある。

①**「発明」であること**　特許の対象が「発明」であるため
②**産業上利用することができること**　特許法の目的が「産業の発達」であるため
③**新しい発明であること（新規性があること）**　これまでになかった新規な技術だからこそ保護する価値があるため
④**容易に考え出すことができない発明であること（進歩性があること）**　簡単に考え出された発明を保護すると、むしろ技術の進歩の妨《さまた》げとなるため
⑤**他人よりも早く出願していること（先願性）**　特許権をひとつの発明についてひとつしか

与えることができないため

**⑥公序良俗に違反していないこと**　公益的な理由による

**⑦出願書類の記載は規定どおりであること**　これが明確でないと発明公開の意義が失われ、権利範囲も定まらないため

第一のポイントは、「発明」でなければそもそも特許の対象とはならないということだろう。特許法では、「自然法則を利用した技術的思想の創作のうち高度のもの」を「発明」と定義している。

「自然法則」とは、自然界で観察される法則をいい、「技術」とは、課題解決のための手段を意味する。簡単に言えば、自然界で観察される法則を利用して、ある課題を解決した場合の、その解決手段のアイデアが発明であると考えてもらえばよい。

フォークボールの投球方法など、一生懸命練習することにより習得可能で、知識として他人に伝達できない「技能」は、特許法で言うところの「技術」ではなく、「発明」には該当しない。もちろん、万有引力の法則などの「自然法則自体」も「発明」ではない。

また、「単なる発見であって創作ではないもの」も「発明」ではない。例えば、「恐竜を

撲滅させた隕石はどこに落ちたか。」（特開2009-273358）には、「カナダ楯状地のハドソン湾がへこんでいるのは、この部分に隕石が落ちたからです」と書かれているが、これが仮に事実であったとしても、単なる発見に過ぎないため、「発明」ではない。

外部からエネルギーを加えなくても永久に運動を続ける装置である「永久機関」など、「自然法則に反するもの」も「発明」には該当しない。

さらに、ゲームのルールなどの「人為的な取り決め」や「経済法則」など、「自然法則を利用していないもの」も「発明」ではない。

ビジネスに関する方法も、「人為的な取り決め」に過ぎないのではないか、と思われる方もいるかもしれない。だが、「コンピュータやシステムにおいてビジネス方法を実現するための情報処理がソフトウェアによって実現されている」[*11]場合は、「発明」に該当するのだ（ここで言う「ソフトウェア」とは、「プログラム」やそれに準ずる「データ構造」を指す）。

ちなみに、特許法上の「発明」には、「方法の発明」だけではなく、「物の発明」（「プログラム」や「データ構造」の発明も含む）と、「物を生産する方法の発明」がある。

＊11　特許庁の審査基準では、「ソフトウエアによる情報処理が、ハードウエア資源を用いて具体的に実現されている」と記載されている。

## 「ワンクリック特許」は成立まで14年かかった

ワンクリック特許は、コンピュータを使ったネット注文の仕組みに関するものだから、その点では問題ない。この特許の権利範囲（特許発明の技術的範囲）を記載した「特許請求の範囲」という書面では、ワンクリックのことを「シングル・アクション」と呼称し、「特定のアイテムの注文を完成させるために……要求される唯一のアクションであり、……シングル・アクションの実行に続いて……注文の確認を要求しない」ことなどが記載されている。

この特許が、アマゾン社のネット通販市場におけるシェアの維持や拡大に役立っていることは間違いなく、その利便性を享受しようと、２０００年からアップル社もアマゾン社からライセンスを受けてiTunes Storeなどに「ワンクリック」を導入している。

なお、特許権取得までの流れは58ページの図のようになっており、出願人が「特許権者」（特許権を有する者）になると、特許を事業として独占的に使えるようになる。[*12]

このような説明を聞いても、「ワンクリック」のような「単純なアイデア」で特許を取得できてしまうことに違和感を持たれる方は多いかもしれない。実際、ワンクリック特許が成立した当時も、「単純なアイデア」であったがゆえに波紋を呼んだ。前述したように、特許を取るには、その発明に新規性や進歩性が必要とされているため、それらの要件を満たしているのかと疑問の声が上がったのだ。

ただし、当時はネット通販の黎明期であったことから通販サイトも少なく、自ずと先行技術も限られていた。そのため、日本の特許庁の審査では、それまで知られていた複数の技術から「進歩性がない」と指摘されたりもしたが、最終的には出願から14年もかかりながらも特許として成立した。

## 訴訟になりやすい「単純なアイデア」の特許

ビジネスモデル特許に限らず、こうした「単純なアイデア」の特許については、成立後に訴訟が起こることもある。特許を取った側が他社に対して特許権侵害を主張することが少なくないからだ。

特許権侵害となるのは、「特許権者に断りもなく、何の根拠も正当な理由も持たない第三者が、事業として特許を使う」場合である（「侵害を引き起こす可能性の高い一定の予備的行

---

＊12　正確には、「業として特許発明の実施をする」と言う。「業として」は「事業として」と同じ意味で、営利目的や反復継続性の有無は問わない。

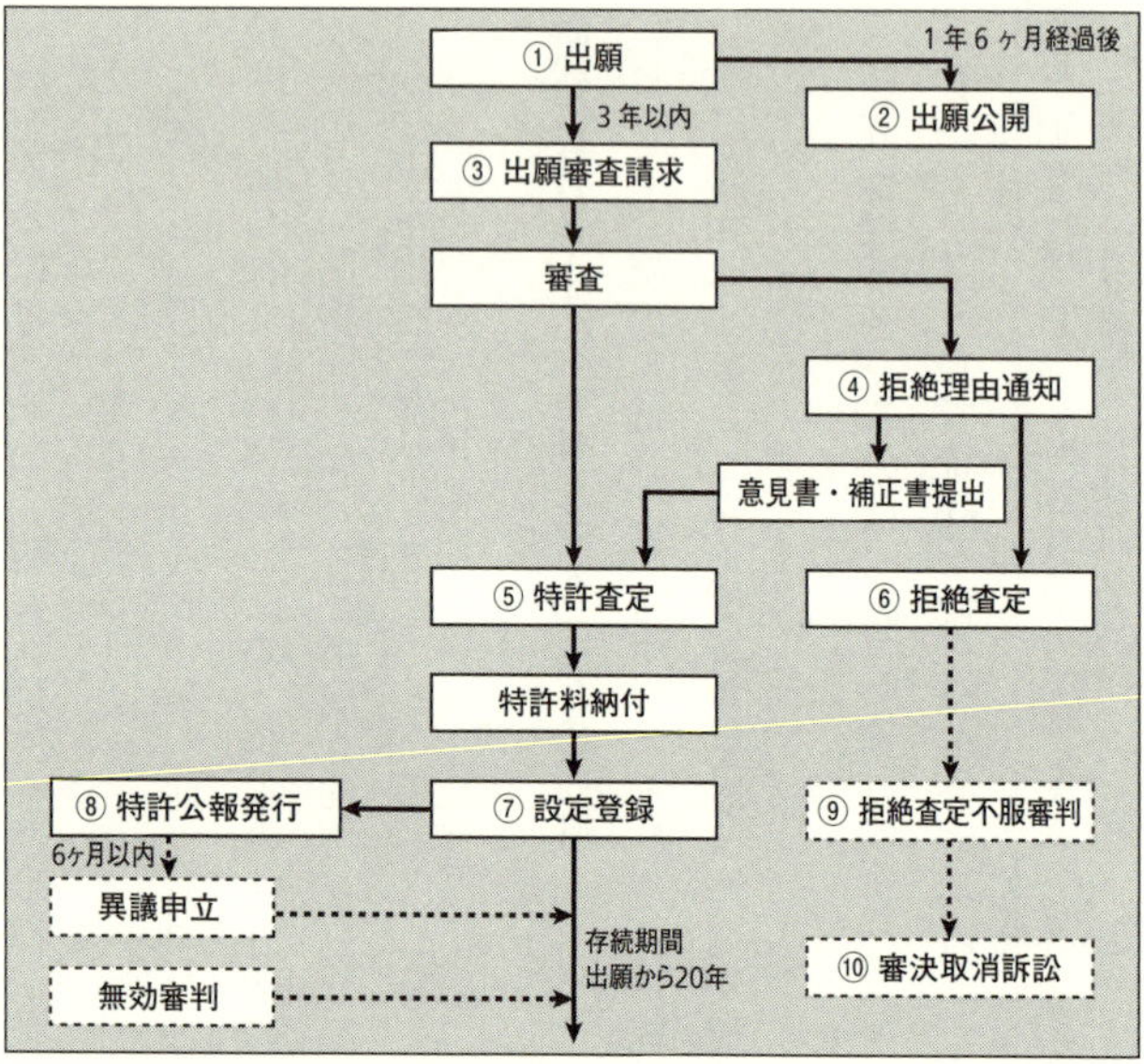


① 発明者、または発明者から特許を受ける権利を引き継いだ者が特許庁に出願。
② 出願日から1年6ヶ月を経過後に、その内容が「公開公報」によって公開される。
③「出願審査請求」によって審査官による審査（実体審査）が開始される。出願日から3年以内にしないと、出願は取り下げたものとみなされて、以後、特許にすることはできなくなる。
④ 審査官が「拒絶理由」（特許NGの理由）を見つけると、出願人に対して「拒絶理由通知」を行う。
⑤ 出願人の意見書による反論や補正書による補正で「拒絶理由」が解消されれば、「特許査定」（特許OKの決定）がなされる。
⑥ 解消されない場合は、「拒絶査定」（特許NGの決定）がなされる。
⑦ 特許査定後は出願人が特許料を納付することで、特許原簿に登録されて「特許権」が発生する。
⑧ 登録の内容は「特許公報」に掲載される。
⑨ 拒絶査定となった場合でも、「拒絶査定不服審判」を請求し、審判官に判断してもらうことが可能。
⑩ 審判の決定（審決）に不服な場合、さらに知的財産高等裁判所（知財高裁）に「審決取消訴訟」を起こすこともできる。

特許権取得の流れ

為をする」場合も特許権侵害となる)。

そして、特許権者から製造・販売の差し止めや損害賠償を求める裁判を起こされると、訴えられた側がその特許に新規性や進歩性がないなどの瑕疵《かし》(エラー、きず、欠陥)がある、つまり、特許庁が誤って特許にしてしまった、と主張するパターンが多い。訴えられた側が裁判の中で「特許に瑕疵があるから権利行使できない」と主張し、それとともに、特許庁に対して「無効審判」[*13]を請求してその権利の有効性を争うのだ。

例として、特許権侵害訴訟においてその有効性が争われたふたつの特許を見てみよう。いずれもビジネスモデル特許ではないが、先行技術が比較的見つけにくいとされる「食品分野」の事例である(わかりやすさから、このふたつを選ばせていただいた)。

ひとつ目は、ニッスイ(日本水産)の「塩味茹枝豆の冷凍品及びその包装品」(特許第2829817号)。特許になった内容は、簡単に言うと「豆の中心まで薄塩味が浸透した冷凍枝豆」というものである。あまりにも「単純なアイデア」であったことから、権利行使

*13 特許公報の発行後6ヶ月以内であれば、「異議申立」をすることもできる。なお、このような瑕疵は、審査段階では「拒絶理由」、異議申立の段階では「異議理由」、無効審判の段階では「無効理由」と言う。また、無効審判を請求できるのは利害関係者に限られる。

をしようとしたニッスイに対して、冷凍食品業界の各社は猛反発した。結局、ニッスイの特許出願前からノースイが台湾から輸入販売していた塩味のする冷凍枝豆などから「進歩性」がないと判断されて、最終的には無効となった。

ふたつ目は、越後製菓の「餅」（特許第4111382号）。特許になった内容は、簡単に言うと「側面に切り込みを入れることで、焼き上げる際に上側が持ち上がることで横からの噴き出しを防止できる切り餅」というものである。こちらも「単純なアイデア」であったことから、特許権侵害を指摘されたライバルのサトウ食品が反発。他の切り餅メーカーも巻き込んで越後製菓と対立する事態にまで至った。だが、サトウ食品が越後製菓の特許出願前に同様のものを販売していたと主張して提出した切り餅の保存品を、裁判官から「捏造品」ではないかと疑われるなどしたことから、こちらは無効とは判断されなかった。

## いまは「単純なアイデア」の特許が取りやすい時代か

もっとも、「単純なアイデア」をそう簡単に特許化できるわけではない。

ニッスイや越後製菓の特許については、「コロンブスの卵」的なものであるし、アマゾン社の「ワンクリック特許」については、ネット通販の「黎明期」であったがゆえに、たまたま動きの早かった同社が特許にすることができただけ、と考えることもできる。

「黎明期」という点では、モノとモノとがインターネットを介して繋がるIoT（インターネット・オブ・シングズ＝モノのインターネット）により収集されたビッグデータを、AI（人工知能）で解析して活用するという流れが、あらゆる業種で広がっている。今までになかった新たなサービスの登場も期待され、「単純なアイデア」でも特許にしやすい環境になっているという見方もできる。

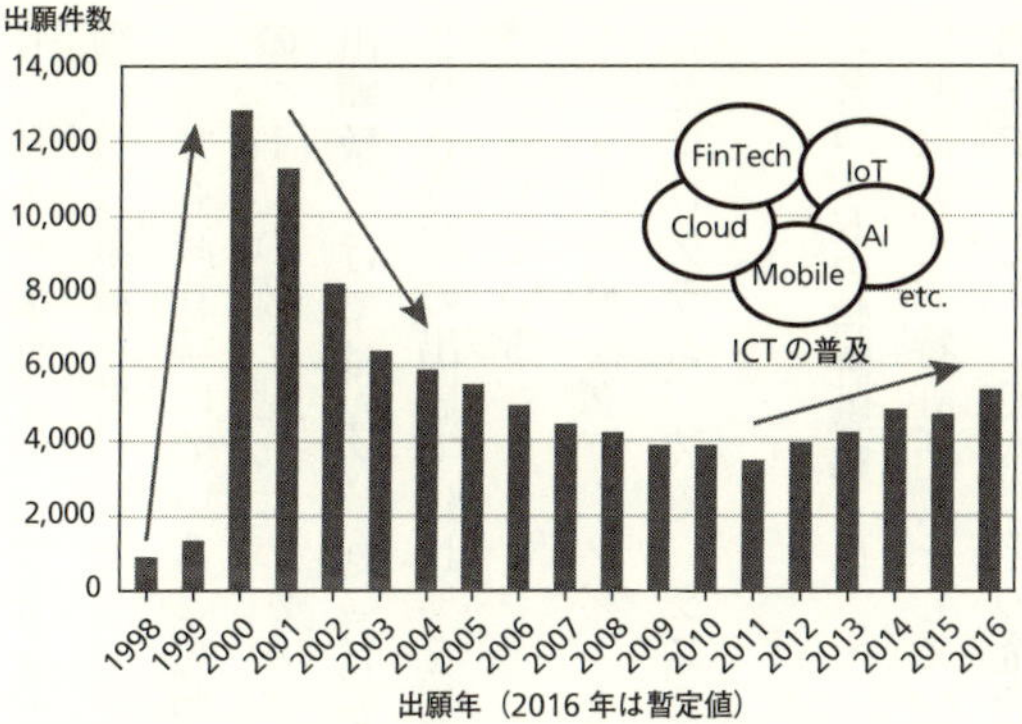


ビジネス関連発明の特許出願数の推移（出典：特許庁「知財を巡る国際情勢」）

それを示唆する動きと思われるのが、ビジネス関連発明の出願件数の増加である。

2000年代初頭に知財業界にいた方ならわかると思うが、当時、異常とも言える「ビジネスモデル特許ブーム」があった。「新しいビジネスのやり方なら何でも特許になる」という誤解も広がり、個人や会社が特許出願をしまくったのだ。その後、正しい理解が広まるにつれて、出願件数は激減していった。

今でも減り続けていると思われている方もいるかもしれないが、そんなことはない。前のページの図を見ればわかるように、2011年以降、件数は増加傾向にあるのだ。また、出願数だけではなく、特許OKと判断される率（特許査定率）も上昇しており、実際に、2000年の出願では10％を切っていた特許査定率は、2012年の出願では約69％にまで上昇している。

IoT、ビッグデータ、AIの活用が進めば、ビジネス方法だけではなく、それに関連したプログラム、装置、システムなどについても特許にできる可能性がある。

## QRコードの特許戦略とは

とはいえ、特許活動をしていく中で、運よく「単純なアイデア」を有効な特許として権利化できたとしても、その権利を得意げな顔でゴリ押しするのは避けたほうが賢明かもしれない。

冒頭で取り上げたアマゾン社は、1999年10月に米国でライバル会社がワンクリック特許を侵害しているとして裁判を起こすと、消費者や同業者の反発を呼び、２００２年に和解するまで、同社に対する不買運動にまで発展した。先に見たようにニッスイや越後製菓も「単純なアイデア」の特許について権利行使しようとしたことで、競合他社と激しく対立する事態に至った。

また、後述するゲーム業界で頻発するようになった特許訴訟は、ゲームファンも巻き込んだ騒ぎに発展している。やり方をひとつ間違えると、世論や業界全体を敵に回してしまう可能性もあるということだ。

「単純なアイデア」の特許を持ちつつ、競合他社と共存する方法がないわけではない。最近では、「オープン・クローズ戦略」といって、自社技術の一部をオープン化（他社に開放）して仲間を増やしつつ、独自技術をクローズ化（特許の場合は独占実施、ノウハウ〈１２０ページ参照〉の場合は秘匿《ひとく》化）して他社と差別化する戦略の重要性がよく語られている。

その内容や他にどれだけ特許や技術を有しているかにもよるが、「単純なアイデア」の特許をオープン化し、それ以外の技術をクローズ化するというのも一案かもしれない。オープン化する際も「標準化」（標準規格となる技術仕様の確立）を進めると、市場の拡大に繋がることが期待できる。

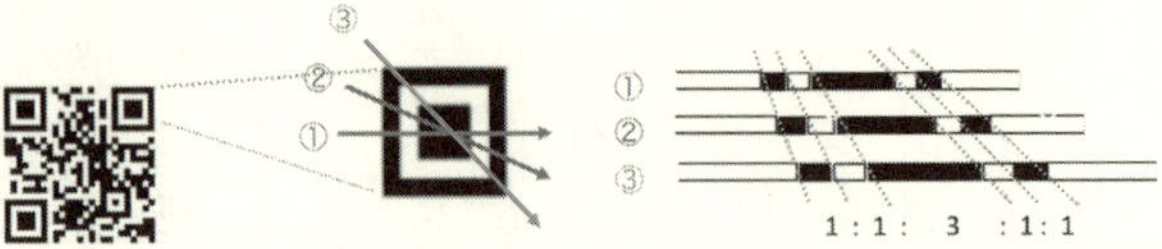


NHK出版のウェブサイトのURLをQRコードで表したものと「切り出しシンボル」。白黒の幅の比率が、1：1：3：1：1となっているのは、印刷物の中で一番使われていない比率で、読み取り時の誤認の可能性がもっとも低いからだという

このような戦略で成功した好例として、1994年にデンソーが発表した「QRコード」がある（現在は関連事業部がデンソーウェーブという別会社となっており、「QRコード」は同社の登録商標（商標登録第4075066号）にもなっている）。

本書のカバーの裏側にもバーコードが付いているが、これは英数字で最大20文字程度しか表現できない。そのため、情報がたくさん入る2次元バーコードが考え出された。QRコードは、他の2次元バーコードと比較して高速に読み取れる点が特徴となっている（この「QR」は、「クイックレスポンス」の略である）。

その理由は、その隅に四角形をした「切り出しシンボル」が複数配置されているからだ。このシンボルは、左右、斜め、上下のどの方向からも、黒、白、黒、白、黒が同じ比率で読み取れるため、簡単に位置決めができる。これをコードに複数入れるという「単純なアイデア」が特許になっているのだ（特許第2938338号）。

本来であれば、同様のシンボルをコードに複数入れるだけで特許権侵害となってしまうが、同社は規格に準拠することを条件に、この特許をオープン化した。その後、標準化されたことで、今では世界中で幅広く使われている。その一方で、同社は高度な読み取り技術などをクローズ化して収益源としたのである（ＱＲコードの基本特許は２０１４年３月で存続期間が満了したが、関連特許にはまだ生きているものがある）。

一方で、米国などには、「パテント・トロール」といって、自らは事業をせず、外部から集めた特許で他社に対して積極的に警告や訴訟を仕掛けているような会社もある。特許法の目的は、「産業の発達に寄与する」ことだから、それを完全に逸脱した存在と言える。

自らが事業をしている場合であっても、「産業の発達に寄与する」ことに繋がる権利行使となっていなければ、最終的には消費者や同業者の反発を浴びて取り返しのつかないことになるリスクもある。自らの知財を炎上させないためにも、一度理念に立ち戻ることも重要だろう。

## 第1章のまとめ

●著作権は創作と同時に権利が発生する（「創作的な表現」が保護され、「アイデア」や「ありふれた表現」は保護されない）。一方、産業財産権は特許庁での審査を経て権利が付与される。

●権利者は知的財産権を自分で使うだけではなく、他人に譲渡したりライセンスしたりすることができる。また、知的財産権を侵害する者に対しては、その行為の差し止めや損害賠償の請求などをすることができる（どこまで正当な権利行使なのかに留意する）。

●知的財産権が存在し、形式的にその権利が及ぶ場合でも、その権利の効力が制限される例外が存在する。また、産業財産権については、権利付与後に「無効審判」により無効とされてしまうこともある（権利付与後の間もない段階であれば、「異議申立」も可能）。

●自己の技術の一部をオープン化し、それ以外の部分をクローズ化することで市場拡大などを促進することを「オープン・クローズ戦略」という。

# 第2章 模倣・流用をめぐる仁義なき戦い

## 1　その名前の「パクリ」はずるいのか？

### アメリカ村からパロディＴシャツが消えた

この章で扱うのは、主に他人のものを模倣・流用する行為に起因する揉めごとである。既存の商品名や人名を参考に命名することの是非や、流行語を商標登録することの是非、そして、流行っているお店のコンセプトや他人の開発した技術の模倣の是非などについて論じる。模倣・流用をする側とされる側のそれぞれの視点に立つことで、知財というものが孕《はら》む複雑さ、不思議さ、面白さなどを見ていきたい。

「パクリ」と聞いて真っ先に思い浮かぶのは、シンボルマークやキャラクターの模倣ではないだろうか？　これに関係する法律は、第1章の1で取り上げた商標法、著作権法、不正競争防止法などである。あからさまな「パクリ」は、違法なことが多いが、2015年に起こった「東京五輪エンブレム騒動」のように、専門家の目から見て法的には問題ないと思われるものであっても、ネットで炎上して撤回に追い込まれる怖い時代となった。

観光地の土産物屋で買い物をしていると、必ずと言ってもよいほど有名ブランドをパロディ化したTシャツなどを目にするが、昨今、そういった、ある意味グレーな商売も大っぴらに行うことが難しくなってきている。

2016年10月、大阪・ミナミの「アメリカ村」にある複数の店舗が、有名ブランドのロゴマークをアレンジしたパロディTシャツを販売していたところ、商標法違反の疑いで大阪府警の捜査員が一斉捜索に入り、店長ら13人が逮捕された（本物と区別できない商品を販売していたわけではなく、商標権侵害であるとは断定できない状況であったと考えられるため、個人的には警察の動きに違和感を抱かざるを得ない）。

その事件から1年が過ぎた2017年12月、所用で大阪にいた筆者は摘発された店のひとつを訪れた。店内を見渡しても、パロディTシャツはまったく置かれていない。ナイジェリア人の店員に尋ねたところ、「パロディ商品は、もう売ってないね」と不快そうな表情で答えた。何も買わずに立ち去るわけにもいかない雰囲気となったため、年齢にそぐわない若者向けのジャケットを購入してしまった。

## 「黒い恋人」「青い恋人」「赤い恋人」「黄色い恋人」

あからさまな「パクリ」が許容されにくい世知辛《せちがら》い世の中になってきたことから、模倣・

「白い恋人」と「面白い恋人」（新パッケージ）

流用のやり方も巧妙になってきている。見てすぐわかるシンボルマークやキャラクターのパクリが減る中、「名前が何かそれっぽい」ものは増えている。違法とは言い切れないものが多いからだ。

２０１１年11月、北海道の銘菓「白い恋人」を製造販売する石屋製菓が、そのパロディ商品「面白い恋人」を販売する吉本興業などに対して裁判を起こしたことがある。

石屋製菓が主張したのは、吉本興業側の行為が、自社の商標権侵害であり、また、不正競争防止法違反であるというものだった。

商標権侵害となるのは、「商標権者に断りもなく、何の根拠も正当な理由も持たない第三者が、登録商標と同一または類似の商標を、指定商品・指定役務と同一または類似の商品・サービスに付けて使用する」場合である（商標はそれを付ける商品・サービスとセットで登録され、指定された商品を「指定商品」、指定されたサービスを「指定役務」と言う）。これをわかりやすく図で描いたものを72ページに示した。

では、登録商標「白い恋人」（商標登録第１４３５１５６号）と「面白い恋人」とを比較してみよう。

「白い恋人」の指定商品は「菓子及びパン」であることから、菓子である「面白い恋人」とは商品が同一[*1]だから、両者が商標として類似しているかどうかが問題となる。

商標が類似しているかどうかは、商標を指定商品・指定役務に使用した場合に出所混同のおそれがあるかどうかにより判断される。具体的な手法として、「見た目（外観）」「読み方（称呼）」「意味合い（観念）」のそれぞれに着目して総合的に判断する。

その観点から検討すると、文字がひとつ多いことから「見た目」は必ずしも類似しないし、「読み方」も「面白い恋人」のほうが長めで、必ずしも類似しない。「意味合い」に至っては、「白い＝white」と「面白い＝interesting」でまったく異なる。

石屋製菓もそのことは十分にわかっていて、商標権侵害に問えない可能性もあることから、不正競争防止法違反を主張に加えていたのだ。

前述したように、不正競争防止法は、不正競争行為として定められている一定の行為を直接規制する。そして、周知・著名な「商品等表示」（商品の容器・包装なども含まれる）と同一または類似の表示を使用すると、不正競争行為に該当するおそれがある。もともとの

＊1　商品・サービスが類似しているかどうかについては、取引の実情を考えて出所混同を引き起こすかどうかなどによって判断される（特許庁における実務上は「類似群コード」で判断されている）。

| | 他人の登録商標と同一の商標 | 他人の登録商標と類似する商標 | 他人の登録商標と非類似の商標 |
|---|---|---|---|
| 指定商品・指定役務と同一の商品・サービス | 侵害 Ⓐ | 侵害 Ⓑ | 非侵害 |
| 指定商品・指定役務と類似する商品・サービス | 侵害 Ⓑ | 侵害 Ⓑ | 非侵害 |
| 指定商品・指定役務と非類似の商品・サービス | 非侵害 | 非侵害 | 非侵害 |

Ⓐ の部分は、他人による商標の使用を禁止できるのみならず、商標権者が独占的に商標を使用できる範囲であることから「専用権の範囲」という。
Ⓑ の部分は、他人による商標の使用を禁止できるものの、商標権者が独占的に商標を使用できる範囲ではないことから「禁止権の範囲」という。

商標権侵害の範囲

「面白い恋人」のパッケージデザインは「白い恋人」と似通っていたから、不正競争行為に該当する可能性はあった。

結局、２０１３年２月に和解が成立し、吉本興業側がパッケージデザインを変更し、原則、関西６府県での限定販売とすることで決着した。

この騒動のあと、パッケージデザインが似ていない「○○恋人」というお菓子が増えたように思う。菓子などを指定商品とした商標登録も多数なされており、「黒い恋人」（商標登録第４５１４５０９号）、「青い恋人」（第４９０３１６８号）、「赤い恋人」（商標登録第５３６５７８４号）、「黄色い恋人」（商標登録第５７６８６４１号）などがある。ちなみに、「黒い恋人」は北海道旭川産の黒豆を使ったチョコ菓子だ。

## 東京ばな奈VS.大阪プチバナナ

土産と言えば、みなさんは、「大阪プチバナナ」というお菓子をご存知だろうか？

2004年秋、米国カリフォルニア州に居住していた筆者は、関西地方の大学から講演の依頼を受け、日本に一時帰国していた。無事に講演を終え、東京に戻る新幹線に乗るために新大阪駅の構内を歩いていると、お土産を販売するスタンドに立つ売り子の女性が声をかけてきた。

「東京ばな奈」と「大阪プチバナナ」（公式HPより）

「新発売の大阪プチバナナ、お土産にいかがですか？」

その声に釣られて、筆者はスタンドに重ねられた商品の箱のひとつを手に取った。

表面には白と青と黄の三色が施されていて光沢感がある。「バナナ」をイメージしたお菓子として有名な「東京ばな奈」（商標登録第4239432号）のパッケージとは随分と印象が違う。中身も直方体をしており、「バナナ」の形を模した丸みのある「東京ばな奈」とは明らかに違うものだ。

その一方で、名前が似通っているところが気になった。

「これって、東京ばな奈の大阪版？」

「違います。大阪プチバナナです」

「東京ばな奈のパクリ？」

「違います。大阪プチバナナです」

会話はほとんどかみ合わなかったのだが、記念に数箱ほど買って帰った。柔らかい食感で、それなりに美味しかったように思う。

「東京ばな奈」を意識したお菓子であることは間違いない。しかし、商標として類似しているとまでは言えないし、パッケージデザインなどは全然違う。「東京ばな奈」を製造販売するグレープストーンが商標権侵害や不正競争行為を主張するのは難しそうだ。

だが、2005年3月に「大阪プチバナナ」を製造販売する瓢月堂が「菓子及びパン」を指定商品とする商標「大阪プチバナナ」を出願し、それが登録されると（商標登録第4897431号）、グレープストーンはその登録に対して異議を申し立てた（商標公報の発行後2ヶ月以内であれば「異議申立」ができる）。

じつは、同社は2000年に、「菓子及びパン」を指定して商標「大阪ばな奈」を登録していた（商標登録第4442542号）。グレープストーンとしては、「大阪ばな奈」の商標権侵害であると主張したかったのかもしれないが、まずは相手の商標登録を潰すことにしたようだ。

商標登録には「早く出願した者勝ち」のルールがあり、それは同一の範囲だけではなく類似の範囲にも及ぶ（具体的には、先ほどの商標権侵害の図と似たものになっている）。

商標法では、次ページの図の網掛けの部分、つまり、「他人の登録商標と同一または類似の商標であって、その指定商品・指定役務と同一または類似の商品・サービスについて使用するもの」を「登録NG」としている。[*2]

その一方で、図の白い部分、つまり、他人の登録商標と類似しない商標はもちろん、他人の登録商標と同一または類似の商標であっても、その指定商品・指定役務と類似しない商品・サービスについて使用するものは「登録OK」となっている。

今回のケースでは、指定商品はいずれも「菓子及びパン」で同一だから、商標「大阪プ

*2　商標登録の「早く出願した者勝ち」のルールにも例外がある。例えば、「未登録ではあるものの実際に使用されている他人の周知商標と同一または類似の商標であって、その周知商標が付されている商品・サービスと同一または類似の商品・サービスについて使用するもの」は登録できない。商標が紛らわしいことに変わりはないからである。

| | 他人の登録商標と同一の商標 | 他人の登録商標と類似する商標 | 他人の登録商標と非類似の商標 |
|---|---|---|---|
| 指定商品・指定役務と同一の商品・サービス | 登録不可 | 登録不可 | 登録可 |
| 指定商品・指定役務と類似する商品・サービス | 登録不可 | 登録不可 | 登録可 |
| 指定商品・指定役務と非類似の商品・サービス | 登録可 | 登録可 | 登録可 |

商標法における先願主義の概念図

チバナナ」が商標「大阪ばな奈」に類似しているかどうかがポイントとなった。

2007年4月、特許庁は「大阪プチバナナ」が「大阪ばな奈」に類似するとして、その登録を取り消した。具体的には、「小さい」などを意味するフランス語の「プチ」が単に付け加わっているだけだから、「意味合い」と「読み方」が類似し、両者は商標として類似すると判断したのである。

### 幻となった「大阪ばな奈」

ところが、瓢月堂がその決定を不服として知的財産高等裁判所（知財高裁）に訴え出ると、同年10月、知財高裁は、「大阪プチバナナ」が「大阪ばな奈」に類似しないという、特許庁とは逆の判断をしたのである。じつは、これには伏線があった。

瓢月堂は「大阪プチバナナ」の登録が取り消される2ヶ月前の同年2月、「大阪ばな奈」の商標登録について「不使用取消

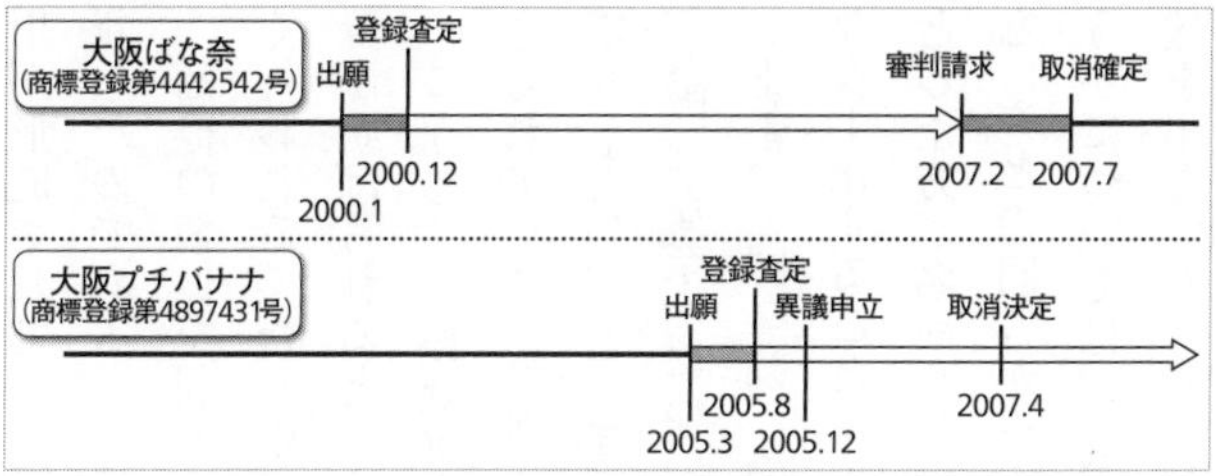


「大阪ばな奈」と「大阪プチバナナ」の出願以降の経緯

審判」を請求していた。

商標権は、その商標を使う者に与えられる権利であるから、いつまでも商標が使われない状態が続くのであれば、その商標を独占させておくのは適切ではない。そのため、商標法では、継続して3年以上日本国内において、登録商標がその指定商品・指定役務についてまったく使用されていない場合は、「不使用」を理由としてその登録の取り消しを請求できるようになっているのだ。

グレープストーンが登録商標「大阪ばな奈」を使用していなかったことから、同年7月に登録取消が確定し、その商標権は審判請求があった同年2月に遡《さかのぼ》って消滅していた。

そこで知財高裁は、「大阪プチバナナ」の「登録査定」（登録OKの決定）がなされた2005年8月時点の判断として、すでに販売されていた「大阪プチバナナ」には「信用が形成されていた」が、ずっと使われていなかった「大阪ばな奈」には「信用が形成されていた」とは言えず、出所混同のおそれがないため、両者は類似しないと判断したのである。

商標の類似を判断するのにあたって「取引の実情」を考慮に入れることは、裁判ではよく行われる。たしかに、いずれ消滅する「大阪ばな奈」によって「大阪プチバナナ」の登録が妨げられるというのも変な話だ。

こうして商標登録が維持されたこともあり、「大阪プチバナナ」は今でも大阪で堂々と売られている（結果論だが、瓢月堂がもっと早い段階で「大阪ばな奈」の「不使用取消審判」を請求しておけば、ここまで面倒なことにはならなかった）。せっかくなので、グレープストーンに「大阪ばな奈」について問い合わせてみた。

まず、「ばな奈」の由来については、「**かわいい女の子をイメージした名前を付けキャラクター化することによってより親近感を抱いていただく為です。『ばなな』よりも、『ばな奈』とした方が名前らしいのではないかと思い一字だけ漢字にいたしました**」（東京ばな奈お客様窓口）との回答が得られた。一方、「大阪ばな奈」を使用した商品の計画があったのかどうかについては、「**回答は謹《つつし》んで辞退申し上げます**」とのことであった。あくまでも推測の域を出ないが、具体的な商品展開の予定はなく、他社に取られないように防衛的に出願していただけかもしれない。

## 防衛的な商標登録とは

防衛目的と思われるものとして、ライオン株式会社が「LION」の上下を反転させた「NOI7」を商標登録している（商標登録第2419294号）。カシオ計算機も人気の腕時計「G-SHOCK」について、「A-SHOCK」から「Z-SHOCK」まで、アルファベット26文字をすべて登録している。

他に、株式会社サマンサタバサジャパンリミテッドが「サマンサタバタ」を商標登録しているのは（商標登録第5982724号及び第6016123号）、パロディ商品の「サマンサ田端」を意識してのことだろう。

一方、スイスの高級時計ブランド「フランクミュラー」（商標登録第4978655号）のパロディ商品「フランク三浦」については、そのパロディ商品の販売元である大阪の業者が文字商標「フランク三浦」を商標登録している（商標登録第5517482号）。

英王室属領のマン島にあるフランクミュラーの権利管理会社「FMTM

フランク三浦

フランク三浦の商標（商標登録第5517482号）

ディストリビューション」が無効審判を請求したところ、特許庁は、両者が類似するなどの理由から「フランク三浦」の商標登録を無効と判断した。だが、それを不服とした業者側が知財高裁に訴え出ると、知財高裁は、両者は類似せず、また、価格帯もまったく異なることなどから混同のおそれもないと判断し、最高裁もその判断を支持した。その結果、「フランク三浦」の商標登録は維持されてしまったのである（パロディ商品の製造販売が適法なものと認められたわけではない点には注意してほしい）。

こういった例もあることから、防衛的な商標登録も戦略的に重要なことに違いはない。

一方で、実際に商標として使用していないと、「大阪ばな奈」のように不使用を理由に商標登録を取り消されることも起こりうる。

「パクリ」問題に巻き込まれないように自分の登録商標と関連する商標を登録するなら、ちょっとでもいいので使用実績を作っておくなりしたほうがいいということだ。また、自分の登録商標が著名となっている場合は、その指定商品・指定役務と類似しない商品・サービスを指定して「防護標章」として登録しておくと、他者による同一の商標の使用・登録を防ぐことにもつながる。

## 他人の名前を商標登録できる場合、できない場合

ここまで既存の商品名が問題となるケースを見てきたが、人名の場合はどうだろうか？人名も商標登録することができる。そして、商標権者になれば、その人名が勝手に使われた場合、その使用状況にもよるが、商標権侵害を主張できる場合がある。

だが、商標法には、「他人の氏名などを含む商標」は、原則として登録することができないという規定もある（人間だけではなく、「法人」も含まれる）。これは、生命、身体、自由、名誉といった、その人の「人格的利益」を保護するためだ。

例えば、みなさんの氏名を含む商標が赤の他人によって勝手に登録されて、それが商取引で使われたりしたら、みなさんはどう思うだろうか？　おそらく不快に感じるだけではなく、何とかそれを止めさせたいと考えることだろう。そのため、他人の氏名などを含む商標は、原則、登録NGとなっているのだ（「他人の肖像」を含む図形商標も、同様に登録NGだ）。

もっとも、これらはあくまでも「原則」であり、あらかじめその本人の承諾を得ていれば、その氏名などを商標登録することは可能となっている。

著名人の場合、その氏名はその所属プロダクションが登録していることが多く、「小泉今日子」（商標登録第3004660号）、「UTADA HIKARU／宇多田ヒカル」（商標

登録第4381722号など)、「長嶋茂雄」(商標登録第5401366号)などが登録済みだ。「松井秀喜」(商標登録第4754303号など)は、なぜか実父が権利者である。実務的には本人の「承諾書」が提出されることで登録OKとなっている。

また、本名だけではなく、「著名な芸名・ペンネーム(筆名)・雅号・略称」を含むものも、同様に登録NGだ。

芸能人や作家には、芸名やペンネームを使っている人が多い。一方で、専門職や学者が、執筆のみならず社会的な活動をする際にもペンネームなどを使っている例はあまり多くはない。筆者も、精神科医で立教大学教授も務める「香山リカ」や、お茶の水女子大学名誉教授の「白楽ロックビル」など、数えるほどしか知らない。

## リカちゃん人形と「香山リカ」

2015年5月に株式会社タカラトミーが「おもちゃ、人形」などを指定商品として商標「香山リカ」を出願すると、特許庁の審査官は、次のような「拒絶理由通知」(登録NGの通知)を出した(商標権取得までの流れは99ページ参照)。

この……商標は、……豊富な臨床経験を生かして、現代人の心の問題を中心にテレビ・雑誌等マスコミで活躍している女性精神科医として著名なペンネーム「香山リカ」（本名は非公開）と認識される「香山リカ」の文字よりなるものであり、かつ、その者の承諾を得たものとは認められません。

じつは、「香山リカ」という名前は、もともとは、タカラトミーが旧タカラ時代から製造販売している着せ替え人形「リカちゃん人形」の氏名である。Twitterのリカちゃん公式アカウントにも、「ボンジュール♡　国民的着せ替え人形『リカちゃん』こと香山リカよ！」ときちんと書かれている。

だが、杓子《しゃくし》定規に拒絶したところを見ると、特許庁の審査官は「香山リカ」というペンネームの由来を知らなかったのかもしれない（恥ずかしながら筆者も、福島県小野町にある「リカちゃんキャッスル」に併設された「リカちゃんミュージアム」を訪れるまで知らなかった）。

タカラトミーは意見書を提出し、次のような反論を展開した。

本願商標の「香山リカ」は、出願人……が1967年から販売している着せ替え人

日本で唯一の「リカちゃん」の一貫生産オープンファクトリーである「リカちゃんキャッスル」(筆者撮影)

形玩具「リカちゃん」の本名として広く知られております。……「香山リカ」の名を先立って使用し始めたのは出願人であることから、その後に使用を開始した同医師に人格的保護を与え、本願商標を……拒絶することは、同号の法の趣旨に反するものと思料いたします。

この主張が決め手になったのか、商標「香山リカ」は無事に登録に至った(商標登録第5816280号)。精神科医「香山リカ」氏の人格的利益を害さないと判断されたようである。[*3]

ここで素朴な疑問が涌いてきた。「その後に使用を開始した」という意味では、精神科医「香山リカ」氏が自らのペンネームを名乗り始めた時、旧タカラの許可を得ていただろうか。気になったので、同氏の所属事務所に問い合わせたところ、次のような回答が来た。

問い合わせいただきました、香山のペンネームについては、本人が決めたものではなく、大学生時代、雑誌にコラムを掲載する際、編集者が一方的に付与したものです。これが人形から取った名前という説明も本人は受けておらず、理由や由来などについては聴いていないとのことです。

どうやら「自分で名乗り始めたわけではない」とのことだが、いずれにしても許可を取らなかったのは間違いないようだ。なお、同氏が出版した最初の書籍である『リカちゃんコンプレックス』（太田出版、１９９１年）の序章には、次のような記載がある。

それから、原稿の最後には半ば漫然と、香山リカの名を署名するようになりました。しかしそうしながらも、私は頭のどこかで〝これはリカちゃん人形を偽装した借りものの名前〟だということをいつも認識していたのです。

＊３　１９９９年３月に旧タカラがこれとは別の商標「香山リカちゃん」を出願した際も、同様の理由で拒絶されたが、その後の審判で登録が認められた（商標登録第４４２６５２０号）。登録10年後に更新されなかったため、２０１０年10月に権利が消滅している。

所属事務所の回答のとおり、当初はペンネームの由来を知らなかったのだとしても、この本を出すまでには「リカちゃん人形」を強く意識していたことは間違いないようである。

『リカちゃんコンプレックス』（太田出版）

『リカちゃんコンプレックス』の表紙には、リカちゃん人形にたくさんの釘が刺さっているショッキングな写真が掲載されている。版元の太田出版に問い合わせたところ、「**30年近く前のことなので、記憶が定かではないのですが、たぶん、タカラに使用許可はとっていないと思います。タカラのほうからもクレーム等はこなかったと思います**」との回答が得られた。この表紙に文句のひとつも言ってこなかったとすると、旧タカラも随分と太っ腹である。

いずれにしても、精神科医「香山リカ」氏が著名になったことが、旧タカラの後継会社であるタカラトミーが「香山リカ」について商標権を取得する際の足かせとなったことは、ブランド管理の観点からは興味深い。

## 東池袋大勝軒の主張はなぜ認められなかったか

ここまで、既存の氏名をペンネームに転用したケースについて見てきたが、商標法の「他人の氏名などを含む商標」が原則として登録できないという規定は、同姓同名の人がいる場合にも適用される。

最近はFacebookなど本名ベースのSNSが発達してきたこともあり、そこで同姓同名の人を見つけたという話もよく聞くようになったが、特許庁の審査官は、全国の五十音順電話帳「NTTハローページ」を使って同姓同名の人がいるかどうかを調べているという。正直、ハローページだけで同姓同名がすべて探し出せるはずもないのだが、なぜかそのような運用になっているようだ。

また、「芸名・ペンネーム（筆名）・雅号・略称」は恣《し》意的なものだから著名なものしか保護されないが、本名であれば、著名かどうかに関係なく、すべて保護されることになる。

例えば、故「山岸一雄」氏は、つけ麵で有名な「東池袋大勝軒」の創業者だが、同姓同名の人もそれなりに存在する。「東池袋大勝軒」を運営する株式会社大勝軒が、生前に同氏から承諾を取って「山岸一雄」を含む商標を出願すると、特許庁は、全国のハローページに少なくとも20名の「山岸一雄」さんが掲載されていて、同社が他の「山岸一雄」さんの承諾を得ていないとして、その出願を拒絶した。

同社は知財高裁に訴え出て、「需要者が、『山岸一雄』の文字列から想起するのは、亡山岸のみ」であり、また、「商標登録を受けられるか否かの基準が、たまたま電話帳に同姓同名の人物が掲載されているかどうかであること」など特許庁の対応が「場当たり的」で、「出願人間の不平等を招いている」と主張した。だが、知財高裁はそれを認めなかった。

有名か無名かで対応を変えないという裁判所の判断は、「人格的利益」の保護という原則に従ったものと言える。

### 同姓同名をめぐる特許庁の限界

一方、最近はハローページへの氏名掲載を拒否している人も多い（筆者も掲載を拒否している）ため、審査官が同姓同名の存在に気が付かない場合もある。

例えば、東京都港区の「有限会社シナモン」という会社が、「文房具類」「トートバッグ」「ティーシャツ」などを指定商品として、「村上春樹」という登録商標を持っている（商標登録第5382877号）。

同社がこの商標を出願したところ、まず、審査官は次のような拒絶理由通知を出した。

この商標登録出願にかかる商標は、「村上春樹」の文字を標準文字で表示してなるものですが、該文字は日本の小説家・翻訳家である「村上春樹」氏の氏名と同一であり、かつ、その者の許諾を得ているものとは認められません。

同社は作家の村上春樹氏とつながりがあったらしく、さっさと本人から「承諾書」をもらい、それを提出することで無事に登録に至った。

だが、これで一件落着ということにして良いのだろうか？　と言うのも、「村上春樹」は、作家の村上春樹氏だけではないからだ。例えば、Wikipediaの同氏のページを見ると、その上部には「平将門の研究者については「村上春樹（国文学者）」をご覧ください」と書かれており、国文学者の村上春樹氏のページにアクセスできるようになっている。

国文学者の村上春樹氏のWikipediaページにはこう書かれている。

『ノルウェイの森』（講談社、1987年）などで知られる作家の村上春樹とは同姓同名で、出身大学も同じであることから、混同されることがある。

実際に、国文学者の村上春樹氏の書籍をアマゾン社のサイトで検索すると、アマゾン社も混同しているのか、作家の村上春樹氏の著者ページにリンクするようになっている。

アマゾン社が混同しているくらいだから、特許庁の審査官も混同してしまった可能性がある。有限会社シナモンが国文学者の村上春樹氏の承諾を取らずに商標「村上春樹」が登録に至ったのだとすると、これは瑕疵のある登録とは言えまいか？[*4]

株式会社大勝軒の主張するように、「電話帳に同姓同名の人物が掲載されているかどうか」を調べる特許庁の対応が「場当たり的」で、「出願人間の不平等を招いている」という指摘は案外正しいのかもしれない。

基本的に、商標は他人の商品・サービスと区別するための「目印」として機能するものだから、結局のところ、それを「目印」として使わせても問題はないのかといった観点で判断が行われることになる。そこには取引の実情、ペンネーム誕生の経緯、同姓同名の存在など、多様な要素が複雑に絡み合っている。さらに、商標登録できても、実際に使われていない「目印」は取り消されることもある。

ブランド管理のために、「目印」を権利にしてそれを維持することは大切だが、それを守り通すのも一筋縄ではいかないのだ。

## 2　その流行語の「パクリ」はずるいのか？

### 平昌五輪における「そだねー」争奪戦

２０１８年２月の平昌五輪では、北海道北見市のカーリング女子チーム「ＬＳ北見」（ロコ・ソラーレ）が日本代表として大活躍し、銅メダルを獲得した。彼女たちが試合中によく交わしていた言葉「そだねー」も注目された。北海道弁と紹介されることが多かった一方で、それを否定する意見が出ていたことなどを思い出す。[*5]

＊4　「他人の氏名などを含む商標」は、仮に商標登録されても無効理由を有することになる。ただし、登録から５年を経過すると、この理由については無効審判が請求できなくなるため、今となっては、国文学者の村上春樹氏が「村上春樹」の商標登録に対して無効審判を請求することはできない。

＊5　２０１８年３月２日付のBuzzFeed Newsの記事によると、北海道方言研究会の会長を務める北海学園大学の菅泰雄教授は、東北地方の方言の影響を受けた北海道の「海岸方言」（浜言葉）に標準語の「そうだね」が混ざり合ってできた言葉であると説明している。

| | 出願番号 | 商標 | 指定商品・指定役務 | 出願人 | 出願日 | ステータス |
|---|---|---|---|---|---|---|
| 1 | 商願2018-023345 | そだねー | 文房具類、被服、茶、菓子、パン、など | 北海道の個人（北見工業大学・生活協同組合の関係者） | 2018/2/27 | 係属—出願—審査待ち |
| 2 | 商願2018-024549 | そだねー | 菓子及びパン | 六花亭製菓株式会社 | 2018/3/1 | 係属—出願—審査待ち |
| 3 | 商願2018-028792 | そだねー | ビール、清涼飲料、果実飲料、など | 大阪府の個人 | 2018/2/26 | 係属—出願—審査待ち |
| 4 | 商願2018-029960 | そだね〜 | 米、菓子及びパン、など | 株式会社ＰＬＵＳワン | 2018/2/27 | 係属—出願—審査待ち |

2018年6月現在で確認できる「そだねー」の商標登録出願の一部

日本全国が「カー娘ブーム」で沸《わ》く中、２０１８年３月１日に北海道帯広市の菓子メーカーである六花亭製菓が、「菓子及びパン」を指定して、商標「そだねー」を出願（商願２０１８－０２４５４９）していたことが話題となった。同社は北海道土産でもある「マルセイバターサンド」をはじめとした菓子などを製造する会社として知られている。

しかし、「一企業が独占して良いのか?」「同じ北海道とはいえ、なぜ帯広の会社が?」といった疑問や反発の声が出てきたことから、同社は出願の意図についてコメントを発表する事態に至った。

同年3月23日の日本経済新聞の記事によると、同社の佐藤哲也社長は、「悪徳業者に出願されて使えなくならないようにした」「商標を独占する意図はない」という旨の説明を行った。基本的に「早く出願した者勝ち」のルールがあることから出願を急ごうとした気持ちは理解できる。

その後、六花亭よりも2日早く、北海道北見市にある国立大学法人・北見工業大学の生活協同組合の関係者が、「菓子」「パン」を含む商品を指定して、商標「そだねー」を出願（商願2018－23345）していることが判明した。

当時の出願状況は、「特許情報プラットフォーム」（J-PlatPat）[*6]で調べることができる。出願からデータベース掲載まで時間差があるため、当時はわからなかったが、報道された2件以外にも、同時期に複数の出願があったことが確認できる。

出願日が先なのに出願番号があとになっているものがあるのは、「インターネットを使った出願」と「郵送による出願」とが混在しているからである。郵送で出願する場合、原則、郵便局の消印日が出願日となるものの、特許庁が受理するまでの時間と電子化処理の時間が余計にかかるため、出願日が先でも出願番号があとになってしまうのだ。

なお、どちらが早いかについては日単位で判断されるため、出願番号は無関係である。また、同じ日に複数の出願があった場合、午前の出願と午後の出願の扱いに差異はなく、

＊6　経済産業省所管の「独立行政法人　工業所有権情報・研修館」が提供している（https://www.j-platpat.inpit.go.jp/web/all/top/BTmTopPage）。「特許」という言葉で始まっているが、実用新案、意匠、商標などの情報も無料で検索できる。

出願人同士で協議する必要がある（協議が成立しない場合は、なんと「くじ引き」をする）。

ところで、そもそもの話として、「そだねー」は「LS北見」のメンバーの合言葉なので、彼女たちに「著作権」があるのではないか、と考えた方もいるかもしれない。しかし、「そだねー」はもともとただの「あいづち」であって、彼女たちの創作物ではない。また、仮にこれが今までになかった「造語」であったとしても、短すぎるものは表現の選択の幅が狭すぎることから「創作的な表現」とは言えず、著作物ではない。松本人志が使い始めたとされる「逆ギレ」という言葉も著作物ではない。

同じような理由から「短いフレーズ」「人名などの名称」「小説・楽曲・番組・映画などのタイトル」「新聞・雑誌等の記事の見出し」「標語、キャッチフレーズ、スローガン」などは、一般的には著作物ではないとされている（短い文章であっても、詩、歌詞、短歌、俳句などは原則、著作物性があるとされる）。

ただし、長めだからといって著作物性があるとは限らない。雑誌の休刊の挨拶文の著作物性をめぐって裁判となったことがあるが、例えば講談社『なかよしデラックス』初冬の号（1992年11月20号）に掲載された次の文章は、誰が書いても同じようになってしまう「ありふれた表現」であるとして著作物とは認められなかった。

おしらせ　いつも「なかよしデラックス」をご愛読《あいどく》いただきましてありがとうございます。「なかデラ」の愛称《あいしょう》で15年間《ねんかん》にわたって、みなさまのご声援《せいえん》をいただいてまいりましたが、この号《ごう》をもちまして、ひとまず休刊《きゅうかん》させていただくこととなりました。今後《こんご》は増刊《ぞうかん》「るんるん」をよりいっそう充実《じゅうじつ》した雑誌《ざっし》に育《そだ》てていきたいと考《かんが》えております。「なかよし」本誌《ほんし》とともにご愛読《あいどく》くださいますようお願《ねが》い申《もう》しあげます。

なかよし編集部《へんしゅうぶ》

## 流行語がなぜ商標登録できるのか

「そだねー」に話を戻そう。著作物ではないにしても、流行語なら、なおさら商標登録を認めていいのか、と疑問に思う方もいるだろう。

だが、流行語で登録商標になっている例は少なくない。例えば、NHK連続テレビ小説『あまちゃん』の放送時に流行語にもなった三陸地方の方言「じぇじぇじぇ」は岩手県久《く》慈《じ》市の老舗菓子店が商標登録している（商標登録第5767702号）。

バブル期に流行った言葉の多くも、なにげに商標登録されている。当時の流行りのファッションであった「ボディコン」は任天堂が商標登録しているし（商標登録第5116787号）、若かりしころの宮沢りえが口にしていた「ブッとビ！」は、江崎グリコが商標登録している（商標登録第5155985号）。また、「とんねるず」がよく使っていた「ゲロゲロ」は、東京都千代田区の企業が商標登録している（商標登録第4483892号）。

これがなぜ可能なのかというと、「商標」は発明や著作物のような「創作物」ではなく、「選択物」と考えられているからだ。わかりやすく言い換えると、無限に存在しうる文字や図形などの中から、使用者が「選択」しているという考え方である。

そのため、「〇〇」は「□□」さんが考えた言葉だから、「□□」さんしか登録できないということはないし、「××」は「△△」さんが流行らせた言葉だから、「△△」さんしか登録できない、というようなこともない。

もちろん、商標登録を受けるためには様々な要件がある。

まず、商標が他人の商品・サービスと区別できる「目印」として機能する必要がある。

そのため、商品「みかん」について商標「みかん」、商品「りんご」について商標「アップル」など、その商品・サービスそのものを示す普通名称は登録することができない。「目印」としてまったく機能しないからである（商品「電子計算機」について商標「アップル」、また、商品「自動車」について商標「ＣＲＯＷＮ」は登録することができる）。

同業者の間で広く使用されるようになった結果、他人の商品・サービスと区別できる「目印」とはならなくなったものも登録ＮＧだ。例えば、サービス「宿泊施設の提供」に商標「観光ホテル」はよく使われるし、サービス「理髪業」について「赤青白の帯がグルグル回る渦巻きの看板」を商標として使うことも業界の常識となっているから、これらを商標登録することはできない。

商品「液晶テレビ」について商標「高精細」、サービス「クリーニング」について商標「きれい」など、単にその商品・サービスを説明しているに過ぎない商標も、原則として登録ＮＧだ。ありふれた名字である「佐藤」「高橋」や、「○」「△」「Ｚ」「１２」などのシンプル過ぎるものも、基本的に登録ＮＧとなる。ただし、いずれも例外的に、長年使用して全国的な知名度を獲得することで「目印」として機能していると認められる場合などに限って、登録ＯＫとなっている。

また、商標登録を受けるためには、その商標が「目印」として機能するだけではなく、公益的見地や私益保護などの観点から商標として登録することが適当である必要がある。例えば、先ほど説明したように、他人の氏名などを含む商標は原則として登録できないし、それ以外にも、公序良俗を害するおそれのある商標、品質誤認を生じるおそれのある商標、他人の業務と混同を生ずるおそれのある商標なども、商標登録することができない。

さらに、出願人の業務内容からは考えにくい商品・サービスを指定すると、「使用しないことが明らか」であるとして登録NGとなることもある。

逆に言えば商標登録を受けるための要件をすべて満たせば、流行語であっても、基本的には商標登録できることになる（次のページの図の流れを経る必要がある）。

## 商標権は「言葉・記号・図形などを独占できる権利」ではない

とはいえ、流行語を商標として出願すると、仮に商標登録の要件を満たしていても、世間から「ずるい」と言われて、炎上してしまう可能性があることはすでに見たとおりだ。

筆者は、六花亭による「そだねー」の出願が報道された時（他の出願が明らかになる前）、ウェブメディアの「ハフポスト日本版」から取材を受けた。その内容は、2018年3月23日付の記事「『そだねー』六花亭の商標出願、専門家はこう見る『ブランド戦略的にはマイナスに働く可能性も』」に掲載された。筆者は最後に次のようなコメントをした。

「なお、出願しただけの段階であるにもかかわらず、出願者の六花亭がすでにネットで炎上している状況を考えますと、流行語を商標として出願すること自体、ブランド戦略的にはマイナスに働く可能性もあることに留意する必要があります」

筆者としては、流行語を出願したことに対する疑問や反発の声によって否定的な評判が

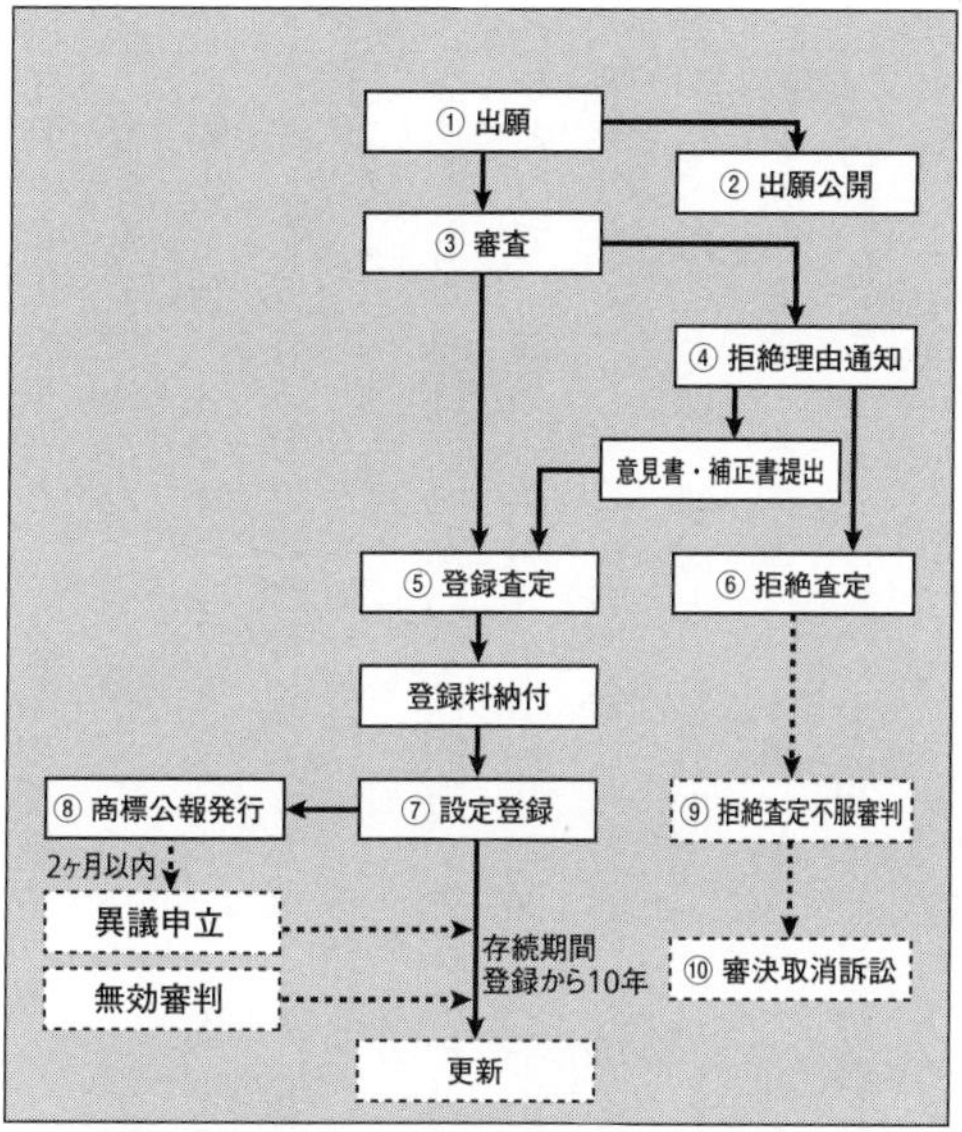


① 商標登録を受けたい者が特許庁に出願。
② 出願日から1ヶ月程度で、その内容が「公開公報」によって公開される。
③ 審査官による審査（実体審査）が開始される（特許とは異なり出願審査請求は必要とはされない）。
④審査官が「拒絶理由」（登録NGの理由）を見つけると、出願人に対して「拒絶理由通知」を行う。
⑤ 出願人の意見書による反論や補正書による補正で「拒絶理由」が解消されれば、「登録査定」（登録OKの決定）がなされる。
⑥ 解消されない場合は、「拒絶査定」（登録NGの決定）がなされる。
⑦ 登録査定後は出願人が登録料を納付することで、登録原簿に登録されて「商標権」が発生する。
⑧ 登録の内容は「商標公報」に掲載される。
⑨ 拒絶査定となった場合でも、「拒絶査定不服審判」を請求し、審判官に判断してもらうことが可能。
⑩ 審判の決定（審決）に不服な場合、さらに知的財産高等裁判所（知財高裁）に「審決取消訴訟」を起こすこともできる。

商標権取得の流れ

広まり、その結果として、企業の信用やブランド価値を低下させるリスクがあることを指摘したつもりであった（これを「レピュテーションリスク」〔評判リスク、風評リスク〕と言う）。特に最近では、インターネットのブログやSNSなどでネガティブな情報が瞬時に拡散し、それを既存メディアが後追いすることで、極めて短期間で信用やブランド価値の低下が起こるようになっている。

奇《く》しくも、同日、鹿児島県の酒造会社が「マイナスの影響が出る可能性があると判断した」として、商品「酒類」を指定した商標「そだねー」の出願を慌てて取り下げている。

筆者のコメントがこの酒造会社の対応に影響を与えたのかどうかは定かではないが、筆者が述べたことは一般論としては間違ってはいない。だが、この記事が「Yahoo! Japan」に転載されると、そのコメント欄において、「得体の知れない者が商標登録するよりは良い」「荒稼ぎをしようと目論む不届き者に登録されるより安心」「どっかの商標登録マニアのオヤジに取られるよりはまだマシ」などの意見が散見された。

こういった方々の多くは、2014年ごろから大量に商標を出願している元・弁理士の上田育弘氏と同氏が代表を務めるベストライセンス株式会社を強く意識したのだろう。

たしかに、上田氏とベストライセンス社の出願だけで、日本国内の商標の全出願数の1

割以上を占めるという異常事態となっていることは、２０１７年１月の「ＰＰＡＰ商標登録出願騒動」以降、日本国民の共通認識となっている。

これまでも無関係の第三者による商標登録は話題になったことがある。２００３年にセントラル・リーグで阪神タイガースが優勝した時、「阪神優勝」（商標登録第４５４３２１０号）の商標登録を保有していた千葉県の個人がその権利を行使しようとしたことが話題となった。結局、阪神タイガースが無効審判を請求し、出所混同のおそれがあるとして無効となった。２０１７年にも、別の千葉県の個人が地質時代の候補名称「チバニアン」を商標登録するという騒ぎがあった（商標登録第５９２９２４２号）。その後、情報・システム研究機構が「異議申立」を行い、指定商品「印刷物」についての登録が取り消された（他の指定商品については登録が維持されている）。

こうしたことにならないよう、商標を早く出願しておくに越したことはないという指摘自体は間違ってはいない。だが、多くの人が勘違いしているので断っておくが、商標権はそもそも「言葉・記号・図形などをまるごと独占できる権利」ではない。

前述したように、商標は、指定商品・指定役務とセットで登録される。だから、登録商標を独占的に使用できるのは、指定商品・指定役務に付けて使う場合に限られる。商品・

サービスの「目印」として使う場合に限定された独占権と考えてもらえばわかりやすい。指定商品・指定役務ごとに商標権が成立するため、その指定商品・指定役務が類似していなければ、同一の登録商標が複数併存することもありうる。例えば、「AEON」については、流通のイオングループが登録商標「AEON」（指定役務：総合小売等役務、商標登録第5118609号）を保有する一方、英会話のイーオンが登録商標「AEON」（指定役務：語学の教授など、商標登録第3140794号）を保有している。どちらかが「AEON」という言葉を独占しているというわけではないのである。

これを考えれば、これから使用する商標を何か思いついたとしても、どんなに早く出願したところで、相当広い範囲で様々な商品・サービスを指定しない限り、他者が同じ商標を登録することを防ぐことは難しい。商品・サービスの区分が増えるにつれて出願料や登録料も増加していくから、大企業など相当な資金力がない限り、あらゆる商品・サービスを指定することも困難だ。[*7] つまるところ、「商標登録すること」と「言葉を守ること」とは、意味合いが異なるのである。

## 上田氏は大量出願をやめていなかった

では、上田氏のような確信犯に先を越された場合、なす術はないのだろうか？　同氏の最近の動向を見ながら検討してみたい。

筆者が、「特許情報プラットフォーム」を使って、２０１８年の最初の３ヶ月（1月1日〜3月31日）の出願状況を調べたところ、上田氏名義の出願が１００４件、ベストライセンス社名義の出願が７３３８件あった。この膨大な件数を見る限り、同氏が商標の大量出願を止めた気配はまったくない。

だが、このような大量の出願を続けている一方で、２０１８年6月現在で上田氏名義またはベストライセンス社名義で登録が確認できる商標は計5件しかなく、それも２０１５年2月以降は一件も新規に登録されていない。大量に出願しているのになぜなのか？

答えは簡単である。上田氏（以下、ベストライセンス社名義のものも含めてこう呼ぶ）はほとんどの出願において出願手数料を支払っていないからだ。未納のままだと半年くらいで出願は却下されてしまう。このような事情から、２０１６年5月、特許庁はホームページ上

＊7　商標の出願料は、「３４００円＋（区分数×８６００円）」で計算され、登録料は「区分数×２８２００円」で計算される（10年分一括納付の場合）。5年分の分割納付の場合、「区分数×１６４００円」で計算される。

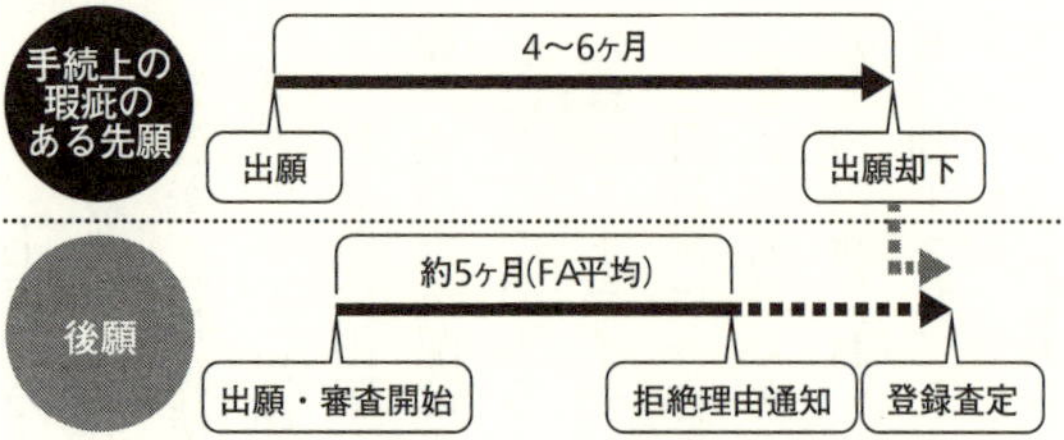


手続上の瑕疵ある出願の後願となる商標登録出願の実体審査の運用(後願に他の拒絶理由等がない場合)。FAは一次審査通知のこと(出典:特許庁ホームページ)

で「自らの商標を他人に商標登録出願されている皆様へ(ご注意)」と題する異例の注意喚起を行った。

特許庁はその中で、大量出願されているもののほとんどは出願手数料が支払われておらず、その後出願が却下されていること、また、仮に出願手数料の支払いがあった場合でも、出願された商標が登録要件を満たしていなければ、[*8]登録されないことを説明した。

さらに2017年6月、特許庁はホームページ上で「手続上の瑕疵のある出願の後願となる商標登録出願の審査について(お知らせ)」を公表した。

それによると、先の出願(先願)に手続上の瑕疵がある場合、後の出願(後願)の拒絶理由通知にそのことを記載し、先願の却下を確認次第、後願の登録査定を行う運用に変えたという。明らかな上田氏対策だ。

## 「分割出願」という奥の手

だが、これだけでは万全ではない。じつは出願手数料を支払わずに対抗できる「奥の手」がひとつだけあったからだ。

それは「分割出願」である。分割出願とは、一定の定められた時期に、2つ以上の商品・サービスを指定した出願について、その一部を分割して新たな出願をすることを言う。

例えば、商標Xの指定商品がAとBであった場合、Bについてのみ拒絶理由があり、問題のない指定商品Aについて早期の権利化を図りたいような場合がある。

その際に、次ページの図に示したように、元の出願（親出願）からBを削除してAのみを残し、分割した新たな出願（子出願）の指定商品をBとする。適法な分割出願であれば、子出願は親出願の時にしたものとみなされ、商標Xについて指定商品Aの出願と指定商品Bの出願のふたつができる。

---

＊8　特許庁による注意喚起では、登録NGとなるケースとして、「一個人や一企業等が本来想定される商標の使用の範囲を超える多数の出願を行う場合」（その使用をしないことが明らかな場合）の他、「他人が既に使用している商標について先取りとなるような出願の場合」や、「国・自治体等の公益的な標章を関係のない第三者が出願する場合」が挙げられている。

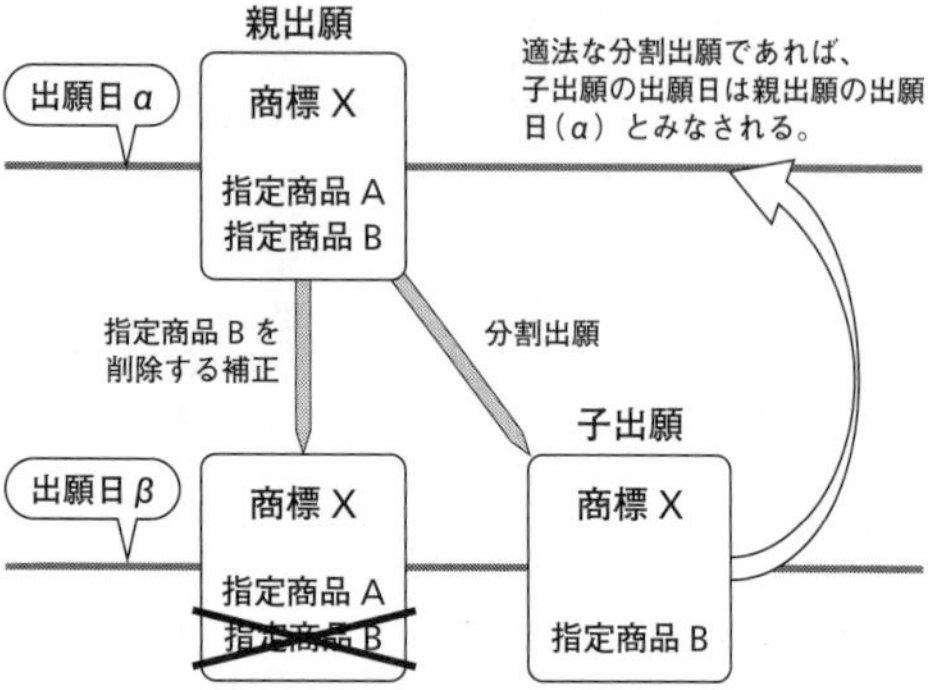


親出願と子出願

分割出願を繰り返していれば、親出願が却下されても子出願は残り、その子出願が却下されてもさらに孫出願が残るため、上田氏も分割出願を大量に行ってきた。

例えば、商標「ＳＴＡＰ細胞はあります」については、次ページの図に示すような分割を繰り返しており、分割出願は第六世代にまで達している。

## 商標ゴロとの戦いは終わらない

これらの分割出願がすべて適法に行われていれば、分割第六世代の商標「ＳＴＡＰ細胞はあります」の出願日も、２０１５年2月17日に遡ることになる。ところが、上田氏の分割出願には致命的な問題があった。

同氏はトヨタ自動車よりも早く「ＭＩＲＡＩ」を、内閣府よりも早く「マイナンバー」

上田氏のベストライセンス社による「STAP細胞はあります」の商標登録出願

を、また、エイベックスよりも早く「PPAP」を出願し、さらに分割出願をしていたのだが、親出願の指定商品・指定役務のすべてを、子出願の指定商品・指定役務としてしまっていたのである。そのため、特許庁はいずれの分割出願も適法なものとは認めず、「子出願」や「孫出願」の出願日は「親出願」の出願日に遡らなかった。元・弁理士だというのに、手続きを間違えてしまったのである。

その結果、出願手数料の未納により「親出願」が却下され、トヨタ自動車、内閣府、エイベックスの出願が「先願」となり、「MIRAI」はトヨタ自動車が（商標登録第5753538号）、「マイナンバー」は内閣府が（商標登録第5756402号）、「PPAP」はエイベックスが（商標登録第5954372号）、それぞれ無事に商標登録を果たした（「マイナンバー」は「内閣府大臣官房会計課長」名義となっているが、この課長が内閣府をゆすることを目的に個人として出願したものではない）。

上田氏と経済産業省（経済産業大臣名義）による同日出願で話題となった「プレミアムフライデー」も、経済産業省が無事に登録している（商標登録第5942825号）。

納得のいかなかった上田氏は異議を申し立てたが、[*9] 異議は認められなかった（さらに、上田氏は知財高裁に訴え出たりもしているが、異議申立により維持決定が出た場合、不服を申し立てることはできないため、訴えは却下されている）。

上田氏の分割出願が適法ではなかったため、「MIRAI」や「マイナンバー」などは商標を「横取り」されずに済んだ。だが、もし上田氏側に手続き上のミスがなかったら……。考えただけでも恐ろしくなる。

2018年5月30日、特許庁はホームページ上で「商標登録出願の分割要件が強化されます」という告知を行った。同年6月9日施行の商標法改正で、「親出願の出願手数料が納付されていること」が分割出願の要件に追加されることになったのである。一個人のために国の法律まで変わることになったのだ。

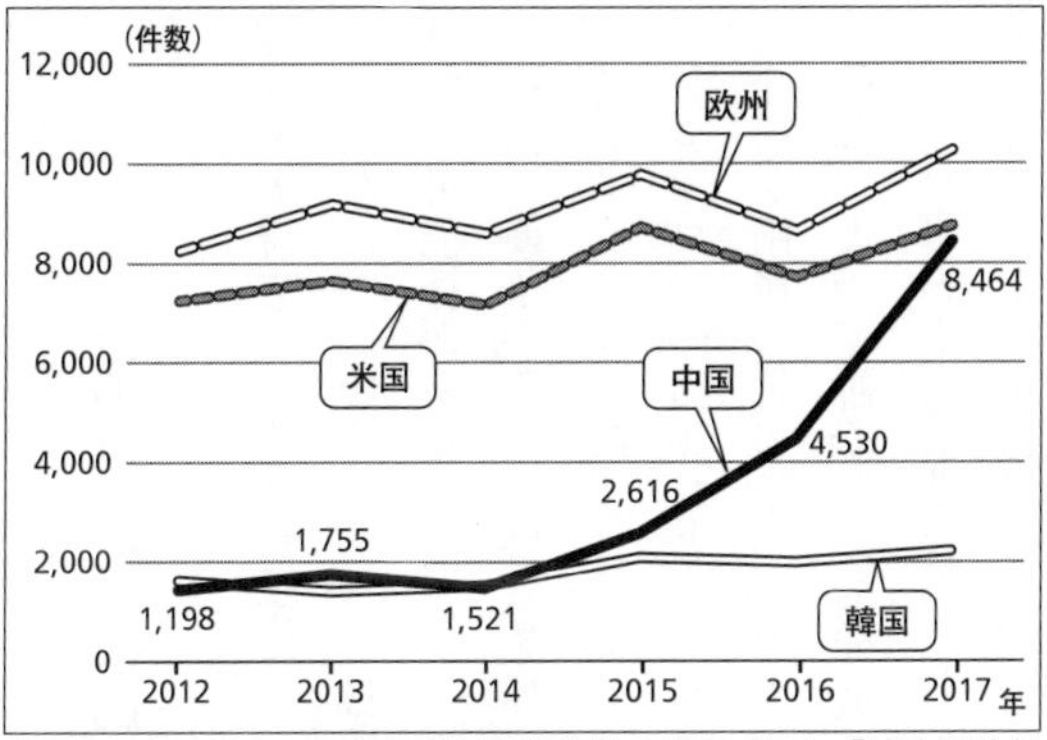


外国人による日本への商標登録出願件数の推移（出典：『特許行政年次報告書2017年版』及び同『2018年版』）

これにより、出願手数料を支払わない限り、上田氏の分割出願が適法なものとなる可能性はなくなった。とはいえ、出願日が遡らないだけで、現在の大量出願の状況が変わるわけではない。また、上田氏が一部の異議申立について手数料を支払っていることから、今後、一部の出願については出願手数料を納付してくる可能性もある。

　また、上田氏以外にも商標ゴロは少なからず存在する。さらに、最近の傾向として中国からの出願が激増している。2017年の中国から日本への出願件数は8464件で、3年前と比べても5倍以上に増えており、今後、件数が指数関数的に伸びる可能性もある。戦いはまだ終わっていない

＊9　上田氏は2018年6月現在までの間に、確認できるだけで計41件の異議申立を行っている。だが、異議申立の手数料を納付していないなどの理由から、その多くは却下されている。

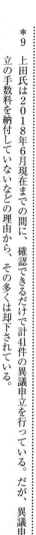

のだ。

## 3　そのコンセプトの「パクリ」はずるいのか？

### 「マサキ珈琲」と「コメダ珈琲店」

名前だけではなく、もっと抽象的な、例えば店のコンセプトといったものも流用・模倣される可能性がある。

特に、競争の激しい外食業界には、伝統的に「模倣文化」が存在している。バブル期の「イタリア食ブーム」や、「スターバックスコーヒー」をはじめとした「シアトル系コーヒーショップ」の台頭などを見ればわかるように、新たなトレンドが生まれるたびに似たような店が雨後の竹の子のごとく出てくる。

それによって訴訟にまで発展することもある。最近では、2015年に、焼き鳥店チェーン「鳥貴族」と後発の焼き鳥店チェーン「鳥二郎」との間で裁判となった（その後、和解）。また、2017年11月には、唐揚げ専門店「からやま」を展開する「かつや」の運営会社

コメダ珈琲店岩出店と、改装前のマサキ珈琲中島本店（出典：株式会社コメダホールディングスのニュースリリース）

が、後発の唐揚げ専門店「からよし」を展開する外食大手「すかいらーく」を相手取り、店名の使用差し止めなどを求める仮処分を東京地裁に申し立てた。

人気店として有名な「コメダ珈琲店」に一度は入ったことがある方は多いだろう。同店は、れんが造りの外観や、ゆったりとしたソファ席といった独特の店舗デザインを持ち、ビッグサイズのコーヒーやユニークな食べ物を提供することで人気を集めてきた。

２０１６年12月、「コメダ珈琲店」の郊外型店舗と酷似していると指摘されていた和歌山市の「マサキ珈琲中島本店」の店舗建物について、東京地裁から使用差し止めの仮処分命令が出された。裁判所は、店舗の外装、店内構造、内装といった「コメダ珈琲店」の店舗の外観が「商品等表示」に該当し、周知性もあると認定。そして、それと全体として酷似する「マサキ珈琲」の店舗外観が混同を生じさせるおそれがあるとして、不正競争防止法に違反すると判断したのである。

米国には、商品の包装や店舗のデザインなどを「トレードドレス」として保護する制度があるが、日本にはそのようなものがないため、店舗の外観が「商品等表示」として認められたことは画期的なことであった。

こうした裁判所の判断が出たのも、「コメダ珈琲店」の特徴が消費者の間に広く浸透していたからであろう。

この仮処分の申し立てにあたって、コメダ側は「商標権侵害」については主張していない。コメダ側は店舗に関連した文字・ロゴ・図形について登録商標を持っているが、「珈琲所　コメダ珈琲店」（商標登録第3363876号）をはじめ、いずれも「マサキ珈琲」の使用する文字・ロゴ・図形とは類似しないと考えられるためであろう。

## 食べ物のカタチも立体商標になる

商標法上の商標には、「文字商標」、「図形商標」、「記号商標」、及びこれらの「結合商標」の他に、「立体商標」（立体的な形状からなる商標）もある。立体商標としては、不二家の「ペコちゃん人形」（商標登録第4157614号）やKFCの「カーネル・サンダース人形」（商

商標の例（特許庁のホームページで挙げられていたものに筆者が加筆）

標登録第4153602号）のような店頭人形が有名だ。だが「コメダ珈琲店」にはそのような店頭人形はいないし、仮にいたとしても、全然似ていない店頭人形を使われてしまうと商標権侵害とはならなくなる。

興味深いのは、コメダ側が店舗の建物を立体商標として登録していることである（商標登録第5851632号）。出願されたのは、仮処分を申し立てた2015年5月の9ヶ月後となる2016年2月だ。今後のことを考えて登録したものであろう（「早期審査」を請求して、早くも2016年5月には登録に至っている）。

ただ、その商標には、「KOMEDA'S Coffee」や「珈琲所　コメダ珈琲店」といった文字が付されている。そのため、仮に似たような形をした建物で営業している店があったとしても、付されている文字列の内容や色、さらにその位置や大きさなどが著《いちじる》しく異なる場合は、商標全体として類似していないと判断される可能性がある。

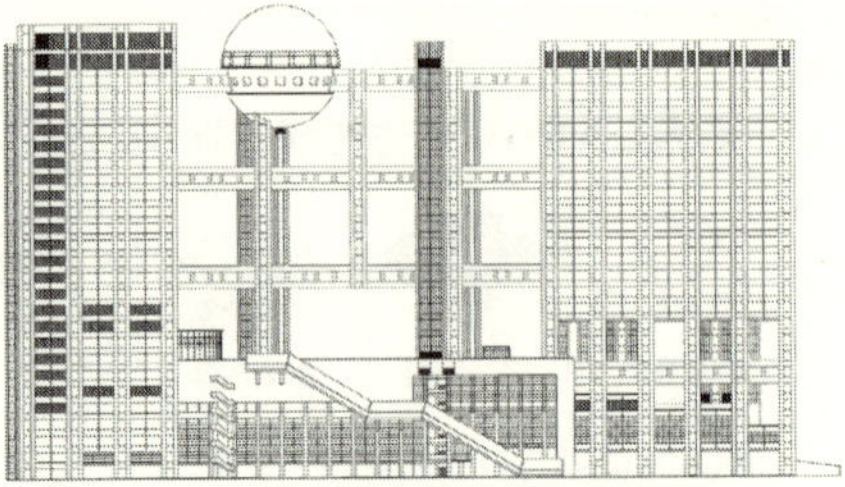

フジテレビジョン社屋（商標登録第5751309号）

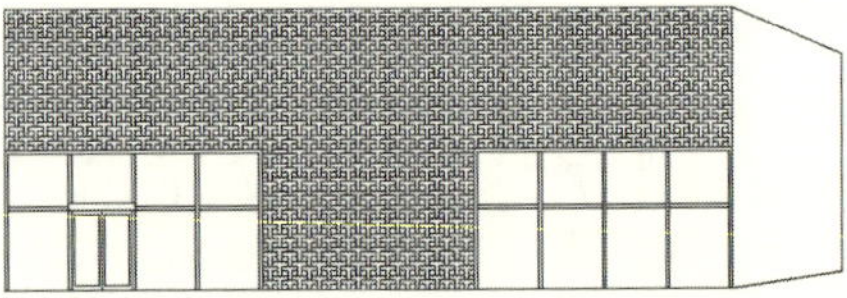

代官山蔦屋書店（商標登録第5916693号）

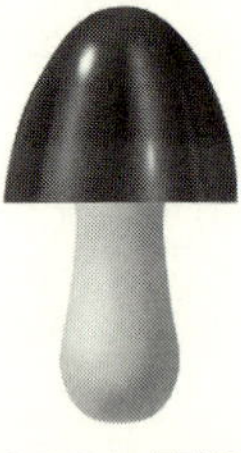

きのこの山（商標登録第6031305号）

ファミリーマートの店舗外観（商標登録第４１６３３７１号など）をはじめ、建物の外観を商標登録したものは少なくないが、文字や図形などを付さない「立体的形状のみ」で商標登録することは容易ではない。商品・サービスを取り扱う店舗や事業所の形状を表したに過ぎず、「目印」として機能しないと判断されることが多いからである。

実際に、建物の「立体的形状のみ」で商標登録されたものは、東京・台場のフジテレビジョンの社屋（商標登録第５７５１３０９号）や、ＴＳＵＴＡＹＡの運営会社であるカルチュア・コンビニエンス・クラブの経営する東京・代官山の蔦《つた》屋《や》書店の建物（商標登録第５

916693号）などに限られている。

また、店舗で提供する食べ物のカタチが「目印」として機能していれば、その「立体的形状のみ」を立体商標として登録することも不可能ではない。だが、「立体的形状のみ」で登録に至っているのは、明治のチョコレート菓子「きのこの山」（商標登録第6031305号）や独ハリボー社のグミキャンディ（商標登録第5800443号）などに限られる。

## ハードルが高い「色のみ」の商標登録

2014年の商標法改正で、「動き商標」、「ホログラム商標」、「色彩のみからなる商標」、「音商標」、「位置商標」が新たに加わった。

音商標については、大正製薬の「ファイトー、イッパーツ」（商標登録第5804565号）や、伊藤園の「おーいお茶」（商標登録第5805757号）など、人の声をもとにしたものの他、大幸薬品の正露丸のテレビCMで流れるラッパのメロディ（商標登録第5985746号）や、インテル・コーポレーションのテレビCMで流れる「インテルはいってる」のメロディ（商標登録第5985747号）など、音のみからなるものも登録されている。こういったものは基本的にはテレビやラジオのCM向けとなることが多いだろう。

| | |
|---|---|
| 動き商標 | **文字や図形等が時間の経過に伴って変化する商標**（例えば、テレビやコンピューター画面等に映し出される変化する文字や図形など） |
| ホログラム商標 | **文字や図形等がホログラフィーその他の方法により変化する商標**（見る角度によって変化して見える文字や図形など） |
| 色彩のみからなる商標 | **単色又は複数の色彩の組合せのみからなる商標（これまでの図形等と色彩が結合したものではない商標）**<br>（例えば、商品の包装紙や広告用の看板に使用される色彩など） |
| 音商標 | **音楽、音声、自然音等からなる商標であり、聴覚で認識される商標**（例えば、CMなどに使われるサウンドロゴやパソコンの起動音など） |
| 位置商標 | **文字や図形等の標章を商品等に付す位置が特定される商標** |

新しいタイプの商標（出典：特許庁ホームページ）

お店の看板のカラーを「色彩のみからなる商標」として登録すれば、競合他社との差別化を図ることができる。だが、例えば「コメダ珈琲店」のシンボルカラーである茶系の色は、コーヒーショップであればどこでも使っているので、やはり「目印」としては機能しない。この「色彩のみからなる商標」は登録されるためのハードルが特に高く設定されている。「この色はあのお店以外にあり得ない」と思われるくらいにならないと登録は難しいのだ。

実際に、2018年6月現在で登録されているものは、トンボ鉛筆の「MONO消しゴム」で使われる色彩（商標登録第5930334号）、セブンイレブンの店舗などで使われる色彩（商標登録第5933289号）、三井住友フィナンシャルグループの店舗などで使われる色彩（商標登録第6021307号及び第60213

8号）の計4件しかない。

なお、これら「色彩のみからなる商標」の指定商品・指定役務は、それぞれ、消しゴム、小売・卸売業務での顧客サービス、金融関連のサービス等、となっている。この三社が色を独り占めしているわけではない点に注意してほしい。

## 提供する飲食物のパクリは防げるか

前述したように、商標権侵害を主張することが難しいと考えられることから、コメダ側は不正競争防止法に基づいて仮処分を申し立てたのであろうが、この法律が商標法よりも使い勝手が良いというわけではない。

たしかに、不正競争防止法には商標法とは異なり、登録が不要で、侵害があった場合にただちに裁判を起こせるというメリットがある。だが、実際の使用実績などを裁判で立証する手間がかかるといったデメリットもあるからだ。

相手の行為が不正競争行為であると主張するためには、相手側の商品等表示が自分のものと同一または類似のものであることはもちろん、それ以前に、自分の商品等表示に周知性があることを示さなければならない。

改装後の「マサキ珈琲中島本店」(2017年7月筆者撮影)

２０１７年７月、コメダ側とマサキ側は和解した。同月、たまたま関西にいた筆者は、仮処分決定後に一時休業していたものの営業を再開していると聞き、和歌山市の「マサキ珈琲中島本店」を訪れた。

店舗はあっさりとしたデザインに改装されていた。和解内容は明らかとなっていないが、マサキ側が店舗の外観を変えることで決着したようである。外観は変わったものの、メニューには「コメダ珈琲店」を彷彿させるものが多い。

ビッグサイズのコーヒーはもちろん、「コメダ珈琲店」の看板メニュー「シロノワール」とはパン生地こそ違うものの、温かいパンの上にソフトクリームをのせた「ロンドマール」というデザートもあった。

コメダ側は「シロノワール」という名前を商標登録しているが（商標登録第４４９００３０９号など）、「ロンドマール」は名前が全然似ていないので、商標権侵害とはならない。また、パンの上にソフトクリームをのせるというアイデアでは共通するものの、混同のおそれが生じるほど両者が似ているわけでもないため、不正競争行為にも該当しない可能性が高い。

ちなみに、食べ物は一般的には「著作物」とは認められないため、著作権を主張することは困難だ（「食べ物の写真を撮らないでください」と客にお願いしている店も見受けられるが、これは施設管理権に基づくもので、少なくとも著作権侵害を根拠にしたものではない）。

店のコンセプトはもちろん、そこで提供する飲食物のアイデアについても模倣を防ぐことは容易ではないということだ。

コメダ珈琲店「シロノワール」（左：コメダHP）とマサキ珈琲「ロンドマール」（右：筆者撮影）

## 「ノウハウ」として保護するという考え方

だが、じつは食べ物や飲み物について保護する方法がないわけではない。

例えば、そのレシピ（調理方法）が「特許」になるための要件を満たしていれば、特許を取得することも可能である。特許を取得すれば、特許権を侵害する者に対してその行為の差し止めや損害賠償の請求ができるようになる（ただし、例えば家庭の主婦が自宅で使う場合、「事業として」やっているわけではないため、特許権の効力は及ばない)。

だが、特許出願にはデメリットもある。出願から1年6ヶ月経過後に「出願公開」によってその発明内容が公開されるため(58ページ参照)、今まで知られていなかった「秘伝のレシピ」であっても、誰もが知ってしまうことになるからだ。また、他者が同じレシピを使っているのかどうかは、厨房や工場にでも入らない限り確認することは難しい。

そのため、そのレシピ(調理方法)を「ノウハウ」として保護することも検討すべきである[*10]。ノウハウという語には様々な意味合いがあるが、知的財産のひとつと解釈する立場では、「秘密として管理されている有用な技術情報・営業情報」のことを指す。有名な例としては、「コカ・コーラの原液の配合方法」がよく取り上げられる。

ノウハウは秘密が破られない限り永久に保護できる点がメリットだが、流出リスクが常に付きまとう点、また、そのノウハウと同じ技術を独自に発明した他人が特許を取ってしまう可能性がある点などがデメリットとなる。

だが、万が一、ノウハウが流出した場合でも、まったく手が打てないわけではない。そのノウハウが「営業秘密」(秘密管理性、有用性、非公知性をすべて満たしたもの)に該当する時は、不正競争防止法による保護を受けることができる。「営業秘密」を不正な手段で取得・使用・開示する行為などが不正競争行為にあたると規定されているからだ。

とは言え、外から見てすぐにわかるようなものは「ノウハウ」として秘匿しようがないので、他人に真似されないように、いち早く特許権で保護することを考えるべきであろう。

## 「いきなり!ステーキ」の提供システムは発明か

外食産業において大切なのは、店舗の外観やメニューだけではない。店舗運営のシステムも大変重要である。いくら店舗デザインが魅力的で、人気メニューが揃っていても、効率的な店舗運営が実現できないと、赤字が増え続けて経営的に失敗してしまう。

2016年8月、ステーキ専門店「いきなり!ステーキ」を運営する株式会社ペッパーフードサービスが、「ステーキの提供システム」を特許（特許第5946491号）にしたことが話題を呼んだ。

「いきなり!ステーキ」は、立ち食い形式を採用し、客の占有面積や滞在時間を最小限に抑えるなどの工夫をしたことで、良質な肉を量り売りで安価に食べられるシステムを構

---

＊10　レシピそのものは、材料と調理方法が記載されているだけなので、「創作的な表現」とは言えず、著作物には該当しない。

築することに成功した。

特許化されたのは、店舗におけるステーキの一連の提供方法である。「特許請求の範囲」の最初の請求項に書かれた内容をまとめると、このシステムは次の構成を含むという。

①お客様を立食形式のテーブルに案内するステップ
＋　お客様からステーキの量を伺うステップ
＋　伺ったステーキの量を肉のブロックからカットするステップ
＋　カットした肉を焼くステップ
＋　焼いた肉をお客様のテーブルまで運ぶステップ
②お客様を案内したテーブル番号が記載された札
＋　お客様の要望に応じてカットした肉を計量する計量機
＋　お客様の要望に応じてカットした肉を他のお客様のものと区別する印し

繰り返し述べてきたように、「発明」でなければそもそも特許の対象とはならないが、これは特許法で言うところの「発明」にあたるのだろうか？

①の部分は、人間の動きを順序立てて説明しているだけのように見える。②の部分も、「札」と「計量機」と「印し」という物理的要素が出てきてはいるものの、「人間が動く際に使う道具」に過ぎないように思える。

審査経過を調べてみると、当初は①の部分だけだったところ、審査官が「人為的取り決めを示すものであり……発明に該当しない」という拒絶理由通知を出していたことがわかった。それに対してペッパーフード側が②の部分を追加する補正をして、「全体としては自然法則を利用した『発明』に該当するものである」と主張して登録に至っている。

ところが、やはりこの特許はおかしいと考えていた人がいたようで、異議申立が行われた。異議申立中に「訂正請求[*11]」が行われ、「印し=計量機が出力した肉の量とテーブル番号が記載されたシール」と限定する訂正がなされたが、特許庁での審理の結果、2017年11月にこの特許は取り消しとなってしまった。

取消理由は、その本質が「経済活動それ自体に向けられたもの」であり、「発明に該当しない」というものである。特許庁は次のようなことも述べている。

＊11　異議申立や無効審判の間の一定期間内に、特許の権利範囲を狭くしたり誤記を直したりする訂正を請求できる機会が設けられている。

これらの物は、それぞれの物が持っている本来の機能の一つの利用態様が示されているのみであって、これらの物を単に道具として用いることが特定されるに過ぎないから、本件特許発明1の技術的意義は、「札」、「計量機」、「印し」、及び「シール」という物自体に向けられたものということは相当でない。

## 知的財産制度の変化をつかむ

この特許を彷彿《ほうふつ》させるものに、ビジネスモデル特許ブームの2000年に成立した「婚礼引き出物の贈呈方法」（特許第3023658号）がある。これは、①新郎新婦が、贈呈リストを使って、引き出物の送り届けを引き出物業者に委託すると、②引き出物業者が、指定の引き出物を指定の場所へ指定日に送り届ける、といった内容である。特許成立後に異議申立がなされ、「人為的な取決めを利用したものというべきものである」として「発明」ではないと判断されて取り消された。

このような先例もあることから、ペッパーフードサービスが諦めるのかと思っていたところ、2017年12月、同社は「取消決定の取消」を求める訴訟を知財高裁に提起した。

その理由について同社に尋ねたところ、同社社長室から次のような回答が得られた。

**当該特許におけるステーキの提供方法は、当社独自のものであり、それを考え、生み出すには、発明者である創業者：一瀬邦夫の長年の経験と努力が必要でした。**

**この権利を守ることは、当社利益を守ることであり、当社株主利益にも合致していると考えております。**

なるほど。相当な思い入れがあるようだ。だが、個人的には、そこまでこだわる特許でもないような気がする。と言うのも、権利範囲が狭すぎるように感じられるからだ。

例えば、「特許請求の範囲」で「ステーキ」と限定しているので、「刺身」や「とんかつ」など他の食材であれば、基本的に特許の権利範囲には含まれない。また、あらかじめ重量ごとに肉がカットされていれば、肉をカットするステップがなくなるため、特許が回避できてしまう（「特許請求の範囲」に「A、B、Cからなる方法」と書かれている場合、特許権侵害となるのは、A、B、Cのすべてを含む方法を使用した場合である）。

さらに、「札」「計量機」「印し」などがすべて揃って初めて特許権侵害となるから、これらがひとつでも欠けた場合も、特許が回避できる。そのため、これが特許にならなかったところで、「いきなり！ステーキ」のビジネスにはあまり影響はないように思われる。

にもかかわらず、ここまで同社がこだわりを見せるのは、おそらく、「特許取得」による宣伝効果や、特許の存在が他社による模倣をある程度は牽制できるという意図もあるのだろう（少なくとも、特許があればまったく同じやり方を他社は採用できない）。2018年6月現在、ペッパーフードサービスはこれ以外にも5件の特許を取得しており、「肉マイレージ」（食べた肉の量がポイントとなる制度）の顧客管理システムに関する特許（特許第6301237号）の取得を記念し、「いきなり！太っ腹！キャンペーン」なるものが開催されている。

冒頭で述べたように、外食産業においては、「模倣」が出てくることは避けられない側面がある。だが、ここまで説明してきたように、知的財産権による保護が不可能なわけではないため、保護の可能性を突き詰めて考えることは無駄ではあるまい。特に、今後、IoT、ビッグデータ、AIを活用した新たなビジネスは外食産業も巻き込んでいくことが予想される。そうなった時、その必要性はますます高まるのではないか。

加えて、時代の変化とともに知的財産制度も変化してきている。例えば、2018年5月、特許庁は、「産業競争力とデザインを考える研究会」の報告書を公表した。そこには、

「建築物の内外装のデザインをはじめとする空間デザイン」などを適切に保護できるよう、「意匠法の保護対象の範囲について検討を進めるべき」との提言が示されていた。

意匠法で保護されるには「工業的に量産できる物品[*12]」であることが必要なため、空間デザインをどのような名目で保護するのか気になるところだが、仮に空間デザインが意匠法で保護されるようになれば、それが新規で、かつ、容易に創作できないものであれば、意匠登録できる道が開かれることになる[*13]。

世の中の動きだけではなく、知的財産制度の変化を敏感につかむことは、外食産業だけではなく、競争が激しい業界で生き残っていくために重要に

「いきなり！太っ腹！キャンペーン」のチラシ

＊12　打ち上げられた花火やネオンサインなどの形のないもの、不動産、彫刻などの一品製作物などは「工業的に量産できる物品」ではないため意匠登録できない。ただし、形のないものであっても、液晶画面に表示される操作画面など、物品と結びついた画面デザインは例外的に意匠登録の対象となる。

＊13　意匠登録を受けるためには、「工業上利用できる意匠であること」、「新しい意匠であること（新規性があること）」、「容易に創作できる意匠ではないこと（創作非容易性）」、「他人よりも早く出願していること（先願性）」などの要件が必要となっている。

なってきているように思う。

## 4 その技術の「パクリ」はずるいのか？

### フィンテックのベンチャー同士の特許裁判

2016年10月、クラウド会計ソフトなどを提供するfreee（フリー）が、ライバル会社であるマネーフォワードに対して特許権侵害を理由とした差止請求訴訟を東京地裁に起こした。マネーフォワードが提供するクラウド会計ソフト「MFクラウド」の勘定科目に関する自動仕訳機能が、自社の「会計処理装置、会計処理方法及び会計処理プログラム」に関する特許（特許第5503795号）を侵害しているというのである。

freeeの「特許請求の範囲」を見ると、自動仕訳の際に、「優先ルール」の中で最も優先順位の高いキーワードを使って「対応テーブル」の参照を行うことなどが書かれている。これに対して、マネーフォワードは、同じ「自動仕訳」をやっているものの、自社のアルゴリズム（問題解決のための仕組み）は「機械学習」を利用して生成されたものであるため、

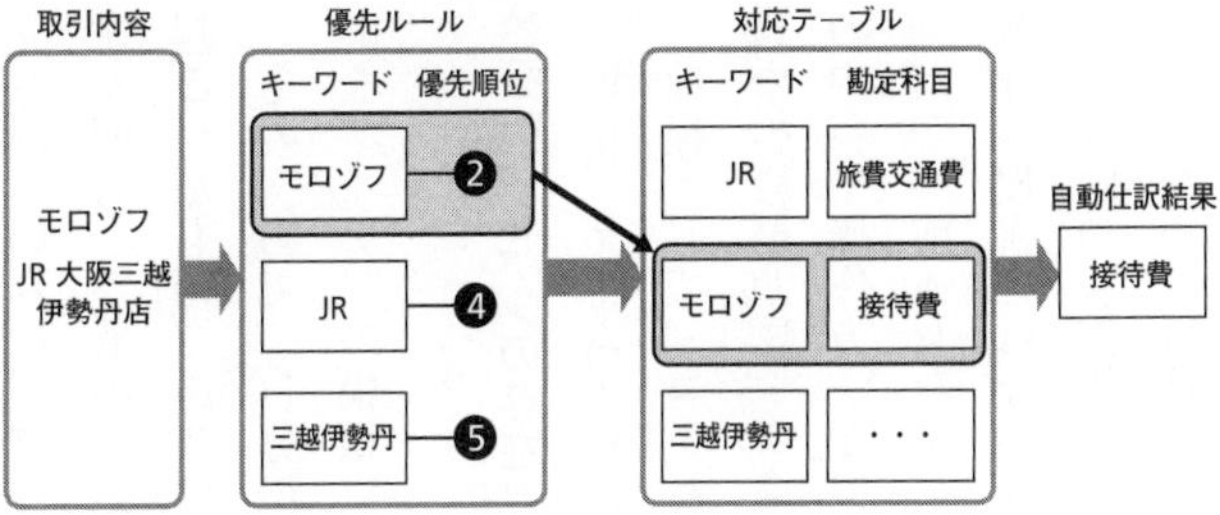


freeeの特許（特許第5503795号）の実施形態例。「優先ルール」と「対応テーブル」が必須

「優先ルール」や「対応テーブル」を使わない点が異なると反論した。

実際に、マネーフォワードのアルゴリズムを使うと、freee側のアルゴリズムでは説明のつかない自動仕訳結果が出ることもわかった。

フィンテックに関するベンチャー同士の裁判ということで注目を集めたが、2017年7月、東京地裁は特許権侵害を否定し、freeeの請求を棄却した（freeeが控訴しなかったことから、マネーフォワードの勝訴が確定）。

この裁判では、freeeが敗訴する結果となったが、自社のソフトウェア製品に関する技術的なアイデアを特許権で保護することは有用なことである。「プログラムの著作物」は著作権でも保護できるが、著作権では、表現になる以前の「アイデア」は保護することができないからだ。

例えば、自社のソフトウェア製品をコピーしたものが販売されていれば、プログラムの著作物を複製されたとして著作権侵害を主張できるが、模倣が明らかなものであっても、ソースコード（プログラムを表現した文字列）を新たに書き起こしたものであれば、基本的には著作権侵害とはならない。

その一方で、自分の特許の権利範囲に属するものであれば特許権侵害となるため、技術的なアイデアの模倣に対抗することができるのである。

## 熱狂的なファンの存在と炎上リスク

近年、ゲーム業界においても特許権侵害をめぐる争いが目立つようになっている。

前提として、コンピュータゲームがガラケーやスマホのような小さな画面に収まるようになった時点で、メーカー側が工夫できる領域は極めて限られてしまうことから、ゲームの内容や操作方法が似通ってくるのは避けられなくなってきている。

だが、前述したように、ソースコードを新たに書き起こせば「プログラムの著作物」の著作権侵害とはならないし、また、同じ内容を示すゲーム映像でも、表現が類似しなければ「映画の著作物」（ゲーム映像がこれに該当することもある）の著作権侵害ともならない。

そのため、自社のゲームの技術的な「アイデア」について特許権を取得し、係争や交渉を有利に進めようとする動きが活発化してきているのである。

２０１７年12月、任天堂はコロプラのスマホ向けゲーム「白猫プロジェクト」が自社の特許権を侵害しているとして44億円の損害賠償を求めて東京地裁に提訴した。「白猫プロジェクト」は、２０１４年７月のサービス開始以来、当初の２年間で１億ダウンロード以上を達成した人気ゲームだ。

問題となったのは、「白猫プロジェクト」における「ぷにコン」と呼ばれる操作機能など、ゲームをプレイする際の操作や表示に関する、計５件の特許であった（特許第３７３４８２０号など）。ひとつのゲームについて５件も特許を繰り出してくるとは、さすがは任天堂である（関連する特許群のことを「特許ポートフォリオ」と呼ぶこともある）。

これ以外に、２０１４年７月には、カプコンとコーエーテクモとの間で、また、２０１７年５月には、グリーとスーパーセル社（フィンランド）との間で、それぞれ係争が勃発《ぼっぱつ》しているが、いずれも２０１８年６月現在、最終的な決着はついていない。

なお、先ほどのフィンテック企業同士の訴訟とは異なり、ゲームについては熱狂的なプレイヤーの存在も無視できない。ゲームをめぐって訴訟が起こると、訴えられたゲームのプレイヤーがＳＮＳなどで猛反発することが増えている。このような炎上リスクの存在は、訴える側にとって、特許権侵害によって受ける被害よりも、より大きなマイナス要素になっているという見方もある。

### ティッシュペーパーは特許の塊

ソフトウェアに限らず、身近なところにも特許になっているものはたくさんある。

食品で特許になっているのは、第1章の3で紹介した冷凍枝豆や切り餅だけではない。ロッテの「雪見だいふく」も特許になっている。そのパッケージに比較的大きな文字で「特許第4315607号」と書かれているので、ぜひ確認してみてほしい。長期にわたって食感が劣化することのないよう、その表面のモチモチした部分の材料の割合を工夫した点や、その製法が特許になっているのだ。

意外なところとしては、「建物」も特許になっている。阪急不動産の運営する大阪・梅田駅前の観覧車付きのアミューズメントビル「HEP FIVE」がその代表例だ（特許第3197465号）。

さらに、ノーベル賞を受賞したiPS細胞の作り方も特許となっている（特許第4183742号など）。また、ユニークなところでは、縄文人と弥生人が互いに惹《ひ》かれあうという「人と人の好き嫌いに関する生物科学的反応の規則性」を利用した結婚情報提供システム（特許第4758460号）も特許になっている。

ティッシュペーパーに関する特許もたくさんあり、ペーパーそのものや、ボックスの構造、ボックスを支えるホルダなど多岐にわたっている。

一例として、所ジョージが「ティッシュボックスホルダ」の特許（特許第6292661号）を持っている（特許権者は所属事務所のティヴィクラブ）。このホルダは、机の裏面や家具の側面などに設置でき、使わない時には折り畳んで収納可能であるという。

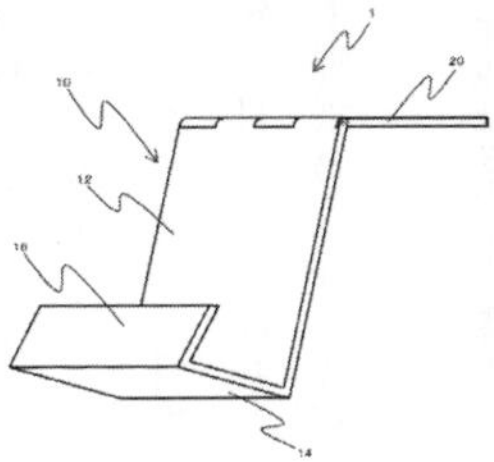

所ジョージの「ティッシュボックスホルダ」（特許第6292661号）

ティッシュペーパーに関しては、実際に訴訟も起こっているので侮《あなど》れない。

2012年3月、創業家の御曹司《おんぞうし》が海外のカジノで散財していたことで有名となった大王製紙が、日本製紙クレシアを東京地裁に提訴した。同社は日本製紙クレシアが製造する「クリネックス アクアヴェール」が、保湿ティッシュの製造工程で薬剤を塗る方法や薬剤の含有量に関する自社の特許（特許第4676564号及び特許第4868622号）

を侵害しているのだと主張したのである（同社は「エリエール　プラスウォーター」という保湿ティッシュを製造）。

これに対して日本製紙クレシアは徹底的に反論。2014年12月に東京地裁、2016年9月に知財高裁ともに、日本製紙クレシアの「クリネックス　アクアヴェール」は、大王製紙の特許の権利範囲には属さないと判断している。

## 「非認証品」＝「違法」ではない

一方、相手の特許の権利範囲に属する場合は、特許権侵害を回避するための工夫が必要となる。一般的に、このような工夫を「設計変更」と呼ぶ。

何らかの製品を手に取った際に、その操作が複雑だったり、使い勝手が悪かったりした経験をされた方も多いと思う。単に「作り手がユーザーに気を使わなかっただけ」の場合もあるが、他社の特許を回避するために意図的にそのようにしている場合もあるのだ。

アップル社のiPhone5以降の製品は、その充電ケーブルと電源コネクタがLightningと呼ばれるアップル社独自の規格となっている。非常に小型で、上下を裏返しても挿すことができる点が大きな特徴となっており、アップル社は電源コネクタ部分について特許権

（特許第５８７７５１４号）を取得している。

しかし、実際に家電量販店などに行くと、純正品よりも安価な互換品が色々と売られている。「ＭＦｉ認証」というアップル社からライセンスを受けている商品が多いが、それ以外の「非認証品」も存在する。

ダイソーなどで、１００円程度で売られているLightningケーブルは、「非認証品」の代表だろう。それを購入して使う場合は自己責任となるが、そもそもこの「１００円ケーブル」には法的な問題はないのだろうか？

じつは、アップル社の特許は、「上下どちら向きにも挿すことができる」という点が特徴となっている。だが、「１００円ケーブル」は片面しか使うことができないため、「上下どちら向きにも挿すことができない」仕様となっているのだ。こうした「設計変更」によって、アップル社の特許を巧みに回避しているのである。

もっとも、アップル社はLightningケーブルと電源コネクタに関して複数の意匠権を持っている（意匠登録第１４８０６４２号など）。だから、もし「非認証品」を製造販売す

Lightningケーブル（意匠登録第1480642号）

るつもりでいるのなら、特許権以外に意匠権[*14]にも注意しなければならない。

　意匠権侵害となるのは、「意匠権者に断りもなく、何の根拠も正当な理由も持たない第三者が、登録意匠と同一または類似の意匠を事業として使う」場合であり、意匠が類似するかどうかは、「物品」の「用途・機能」が類似するか、また、「デザイン（形態）」の「美感」が共通するかどうかで判断される。だから、特許を回避したつもりでも、アップル社の登録意匠と美感が共通する場合は意匠権侵害のおそれがある。

　なお、仮にアップル社が意匠権を持っていない場合でも、Lightningケーブルが周知・著名な「商品等表示」と認められる時は、不正競争行為にあたる可能性がある。さらに、不正競争防止法には、周知・著名であるかに関係なく、日本国内における最初の販売日から3年間については、その商品の形態を模倣した商品を販売する行為などを禁ずる規定もあるので注意が必要だ（その商品の形態を「そっくりそのまま模倣」する場合に適用される）。

## 中国のパクリ製品は合法か

　ところで、安い「非認証品」を大量に製造している国と言えば、中国を思い浮かべる人も多いだろう。２０１７年の1年間で、前年比で約6倍となる11万６９９９点の電気製品が税関で差し止められた。これはアップル社などが、イヤホンなどの侵害品の特徴や識別方法を事前に税関に申し立てたためだが、その多くが中国からのものだ（実際に、税関で差し止められた輸入物品約3万件のうち、全体の92％が中国からの輸入であった）。

税関での差し止めは、まず権利者が「輸入差止申立書」を提出し、それに添付された「識別ポイント」が書かれた資料に基づいて、現場において侵害の疑いがあるかどうかを判断する。そして、侵害の疑いがある場合は、いったん通関をストップし、「認定手続」によって侵害の有無を判断する。「認定手続」の結果、侵害に該当すると認定されると「没収」されてしまい、非該当と認定されると「輸入許可」がなされることになる。

税関が職権にて取締りを実施することもあるが、目で見てわかる範囲でしか対応できないため、侵害しているかどうかを判断するのは難しい場合もある。そのため、もし侵害品が中国から入ってくるのであれば、中国から輸出される前にストップをかければいいのでは、と思う方もいるかもしれない。

＊14　意匠権取得の流れは、特許権取得の流れに準ずる（ただし、出願公開制度と審査請求制度がない）。「意匠権者」になると、登録意匠と同一または類似の意匠を事業として独占的に使うことができる（類似範囲でも独占的に使うことができる点が商標権とは異なる）。

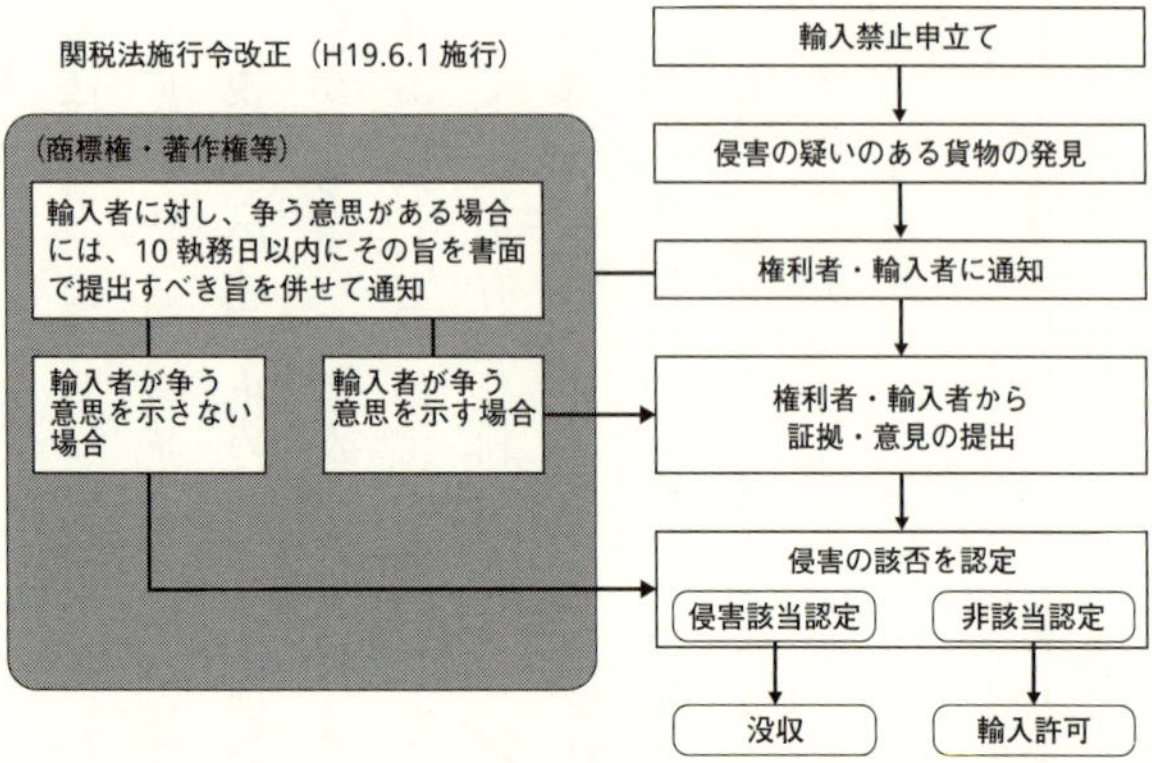

「認定手続」の概要のフロー（出典：税関ホームページ）

だが、日本において知的財産権を侵害している場合でも、中国においても知的財産権を侵害しているとは限らない。と言うのも、知的財産権には、「属地主義」という、「法律の適用範囲を一定の領域内についてのみ認めようとする考え方」が採用されているからだ。

著作権については、ほとんどの国において、著作物の創作と同時に権利が発生する「無方式主義」が採用されており、世界の主要国が加盟する「ベルヌ条約」[*15]という国際条約によって著作物が各国間で互いに保護されることになっている。

一方、特許権や商標権などの産業財産権については、各国で別々に権利化を進める必要がある。「特許協力条約」（PCT）[*16]など各国への出願手続きを一度で済ませるための条約も存在するが、それぞれの国で別々に権利化されるという事情は変わらない。

だから、日本で特許を取得するだけではなく、中国でも特許を取得しておかないと、中国国内で無関係の第三者がその特許を使っても、特許権侵害とはならないことになる。

中国でパクリ製品が多く作られているという報道を目にするたびに、私たちは「けしからん」と憤《いきどお》ってしまいがちである。だが、少なくとも産業財産権については、現地で権利化されていないのであれば、侵害品が日本国内に入ってこない限り、何も言えないのだ。

## 中国の高速鉄道は「新幹線」のパクリか

私たちが事情をよく知らないために、日本国内で大騒ぎとなってしまったものもある。

2007年に中国の高速鉄道車両として登場した「CRH2型」が、日本の東北新幹線「はやて」などで使われている「E2系」とそっくりのデザインだったこともあり、「中国

＊15 『レ・ミゼラブル』の著者であるヴィクトル・ユーゴーが提唱。2016年9月現在、加盟国数は169ヶ国。
＊16 PCTとは、「Patent Cooperation Treaty」の略。1970年にワシントンで締結された国際条約である。特許協力条約に加盟する一国でひとつの出願書類を提出するだけで、同条約に加盟するすべての国に対して同時に出願したのと同じ効果が得られる。

2008年8月の北京五輪直前に運行を開始した北京—天津間を走るCRH2型と筆者

の新幹線は日本の新幹線のパクリ」といった論調が日本で広がったのだ。

だが、中国側は川崎重工業と正式に契約して有償でE2系の「技術供与」を受けているから、CRH2型の存在自体は違法なものではない。それどころか、CRH2型には日本から輸出した基幹部品が使われており、日本はその部品代で潤《うるお》っているところもある。ちなみに、CRH1型はカナダ／ドイツのボンバルディア社[*17]、CRH3型はドイツのシーメンス社、CRH5型はフランスのアルストム社からそれぞれ技術供与を受けたものである。

2008年8月の北京五輪の際、筆者は現地の友人に会うために北京を訪れた。ちょうど大会の開催直前に北京—天津間の高速鉄道が運行を開始したので、CRH2型に乗車してみた。E2系よりも車体が軽い感じがする。着席せずに話し続ける周囲の中国人たちの会話に気を取られていると、あっという間に天津に到着してしまった。

その後も中国は高速鉄道について開発を進め、2011年には、自国で独自に開発したとされる技術を世界各国に特許出願していることを明らかにした。各国への輸出を念頭に置いたものであろう。中国が「初の国産車両」と主張するCRH380A（試験運転で世界最高速を達成）がE2系をベースにしたものであったことから、日本における中国への反感がさらに高まった。

もちろん、技術供与をする場合、契約でその技術の利用について制限を加えることもできる。2011年7月5日の朝日新聞の記事によると、川崎重工業の大橋忠晴会長（当時）は、「移転した技術は中国国内の使用に限る」契約になっていると語っている。

だが、中国の契約法では、「違法に技術を独占し、技術の進歩を妨げる」契約は無効であると定めており、「技術輸出入管理条例」では、「供与技術を改良すること、または改良した技術の使用を制限する条項」や「輸入した技術を利用して生産した製品の輸出ルートを不当に制限する条項」を契約に入れることが禁じられている。そのため、仮に中国側に契約違反があるのだとしても、それを声高に主張できない事情もあるようだ。

中国の国内法自体が、中国側に都合良くできていることもあり、中国による外国企業か

＊17　鉄道部門の所在地はドイツのベルリンだが、グループ本部はカナダのケベック州モントリオールにある。

らの技術導入の手法は巧みである。[*18] 例えば、外資が制限されている業種において外国企業が現地で事業をするためには、合弁会社の設立が進出の条件となる。その結果として、中国側に技術移転をせざるを得ない状況に追いやられることも少なくないという。

## 「模倣されること」だけに注意を向けていいのか

中国側の動きを牽制するための対抗策がないわけではない。中国側が自国で独自に技術を開発したと主張しても、それ以前に日本企業が同じ技術について現地で特許を取得しておけば、中国側の行為について特許権侵害であると主張することが可能となるからだ。

だが、鉄道関連技術については、日本企業はもともと外国に輸出するという発想がなかったのか、欧米の企業と比べると、各国への特許出願は低調だ。

最近10年間（2008年〜2017年）に公開された鉄道関連技術の特許出願について、日本国内における出願と海外主要5ヶ国（インド、ブラジル、欧州、中国、米国）における出願を集計すると144ページの表のようになった（データについては、知財情報コンサルティングを手掛けるイーパテント代表の野崎篤志氏からご提供いただいた）。

見やすいように、各国において出願数の多い上位5社のマス目を網掛けで表示した（ただし、中国国営の中国中車〔2014年12月に中国南車と中国北車が合併して成立〕は除いてある）。

これを見ると、日本国内での出願は、日本企業が圧倒しているが、海外主要5ヶ国への出願は、欧米の企業の出願が活発である一方で、日本企業による出願はあまり多くはない。2011年に中国の高速鉄道の問題が表面化したにもかかわらず、日本企業による国内寄りの出願傾向はあまり変わっていないようである。

今のところ中国国内に限定されるが、中国中車の特許出願が他社を圧倒していることも注目に値する。中国の鉄道関連技術が、すでに「模倣のフェーズ」から「創造のフェーズ」に入っていることは間違いないだろう。

また、中国が世界をリードするフェーズに入りつつある分野もあり、特許出願も活発に行われている。実際に、中国における特許出願件数は激増していてすでに他国を凌駕しているし、2017年の「特許協力条約」（PCT）による国際出願件数では、中国の通信機器メーカーであるファーウェイ（華為技術）とZTE（中興通訊）が、それぞれ1位と2位

＊18　2018年7月、米国のトランプ政権は、中国が技術移転の強制や技術窃盗を目的としたサイバー攻撃により知的財産権を侵害しているとして中国からの輸入品に25％の関税を上乗せする制裁を始めた。中国も同日、米国に対して同規模の報復措置を開始するなど、両国による「貿易戦争」は激しさを増している。

| 企業 | 国籍 | 出願国 | | | | | | |
|---|---|---|---|---|---|---|---|---|
| | | 日本 | インド | ブラジル | 欧州 | 中国 | 米国 | 総計 |
| シーメンス | ドイツ | 32 | 159 | 57 | 1552 | 416 | 427 | 2643 |
| WABTEC | 米国 | 21 | 74 | 38 | 101 | 79 | 145 | 458 |
| クノール・ブレムゼ | ドイツ | 95 | 54 | 22 | 203 | 136 | 95 | 605 |
| アルストム | フランス | 46 | 66 | 63 | 361 | 141 | 130 | 807 |
| GE | 米国 | 41 | 78 | 89 | 124 | 163 | 381 | 876 |
| ボンバルディア | カナダ/ドイツ | 26 | 34 | 13 | 486 | 231 | 89 | 879 |
| 日立 | 日本 | 1232 | 37 | 12 | 221 | 132 | 69 | 1703 |
| 三菱電機 | 日本 | 704 | 59 | 13 | 135 | 127 | 162 | 1200 |
| 鉄道総研 | 日本 | 785 | 4 | 3 | 9 | 9 | 7 | 817 |
| 川崎重工業 | 日本 | 356 | 42 | 1 | 58 | 87 | 94 | 638 |
| 東芝 | 日本 | 398 | 21 | 3 | 37 | 62 | 36 | 557 |
| JR東日本 | 日本 | 482 | 3 | 0 | 9 | 7 | 6 | 507 |
| 日本信号 | 日本 | 422 | 21 | 0 | 15 | 24 | 15 | 497 |
| 日本車輌製造 | 日本 | 400 | 4 | 1 | 11 | 10 | 21 | 447 |
| 三菱重工業 | 日本 | 251 | 19 | 4 | 20 | 55 | 86 | 435 |
| JR東海 | 日本 | 291 | 3 | 1 | 20 | 15 | 15 | 345 |
| 近畿車両 | 日本 | 148 | 0 | 0 | 0 | 0 | 4 | 152 |
| 中国中車 | 中国 | 10 | 9 | 11 | 29 | 4403 | 49 | 4511 |

世界における鉄道関連技術の特許出願状況（2008年～2017年に公開されたもの）（データ提供：イーパテント・野崎篤志氏）

を占めた。

また、中国では猛烈な勢いでIT化が進んでいることから、テンセント（騰訊控股）やアリババ集団（阿里巴巴集団）などの現地IT企業も技術力を伸ばしており、もちろん、特許出願にも力を入れている。

社会の変化も早く、すでにスマートフォンで決済する「スマホ決済」が日常的となっている。2018年4月に筆者が仕事で上海を訪れた際、通訳の女性は「現金は持ち歩かない」と話していた。友人たちと飲食して割り勘する時

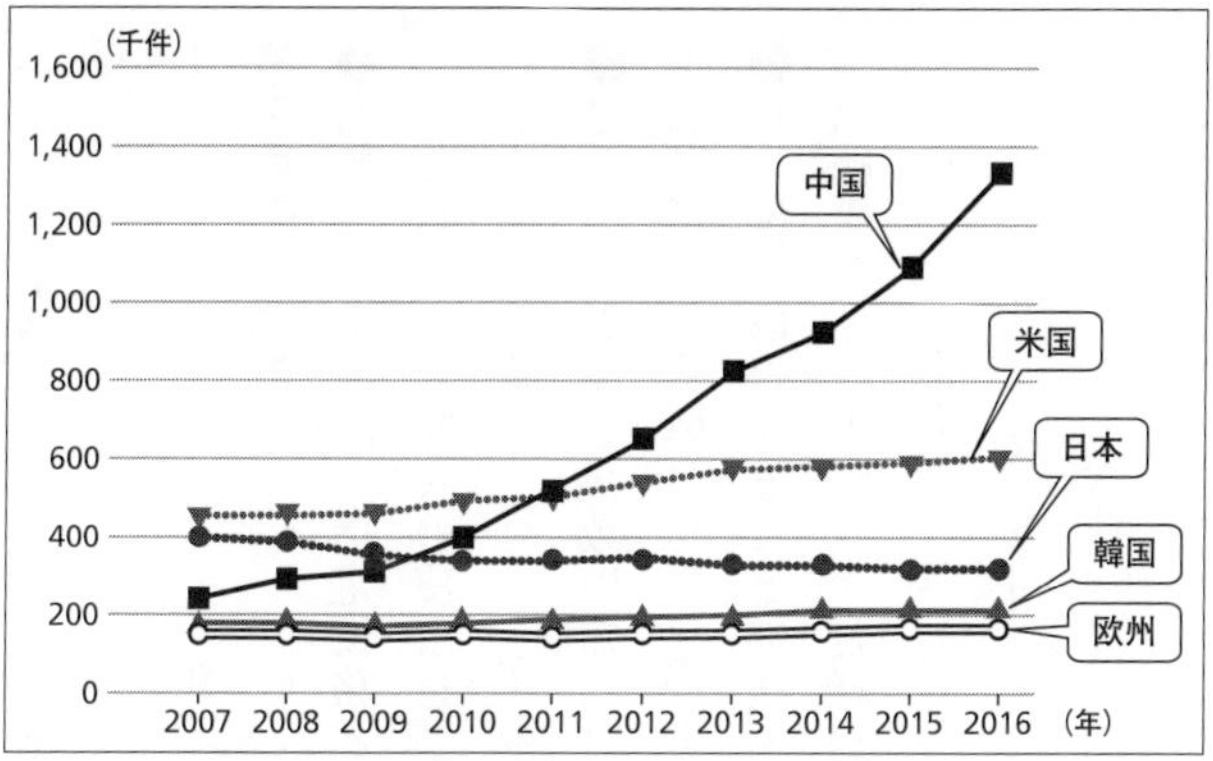

五大特許庁の特許出願件数の推移（出典：「特許庁ステータスレポート2018」）

も、テンセントが提供するSNS「微信（ウィーチャット、WeChat）」の自動計算機能を使って各人がスマホ決済するという。

アリババ集団の電子決済サービス「支付宝（アリペイ）」と紐づけた、顔認証で通過できる自動改札や、静脈認証で商品を購入できる自動販売機などの技術開発も進展している。

すでに日本よりもイノベーションが先行する分野が存在し、そこで特許も出始めているという事実は無視できない。「模倣されること」だけに注意を向けていると、今後、日本で新たなサービスを開始しようとした時に、中国企業の「特許の藪《やぶ》」の中に入り込んでしまう可能性は否定できない。

このようなことは、今後、電気・電子、自動車、金属・材料、医療・バイオなど、様々な分野においても起こりうることと考えられる。

**第2章のまとめ**

●商標は指定商品・指定役務とセットで登録され、同一の範囲だけではなく類似の範囲においても他人の使用を禁止できる。商標権侵害ではない場合でも、不正競争防止法違反に該当することがある。

●ひとつの対象を複数の知的財産権で多面的に保護することができる。それぞれの知的財産権の特徴を正しく理解することが重要である。

●特許権を取得することで技術的なアイデアを保護することができる。ただし、特許出願すると、1年6ヶ月経過後に出願内容が公開公報によって公開されてしまうことから、公開したくないノウハウについては秘匿化することも有用である。

# 第3章 それでも知財で揉める理由

## 1　そのコンテンツ・商品の誕生経緯がなぜ問題になるか？

### 「SMAP大研究事件」が問いかけること

この章で扱うのは、知的財産制度に関する認識のズレに起因する揉めごとである。いずれも、一筋縄でいかない知的財産制度がその背景にある。だが、上手に対処すれば、トラブルを回避したり、そこから受けるダメージを最小限に留めたりできることもある。

著作物の場合、実際に誰がそれを創作したのかで「著作者」が決まる。「創作的な表現」となって初めて著作物と言えることから、表現になる以前の「アイデア」の提供や抽象的な指示をしただけの人は著作者とはならない。また、資料・素材の提供や作業の代行など単に手伝っただけの人や、お金の援助をしただけの人も著作者ではない。

古い裁判だが、著作者の認定に関連した興味深いものに「SMAP大研究事件」がある。これは『an・an』（マガジンハウス）や『JUNON』（主婦と生活社）など4雑誌に掲載されたSMAPメンバーのインタビュー記事が、1995年6月に出版された『SMAP大研究』（スマップ研究会著、鹿砦社）という書籍に無断で掲載された事件である。

雑誌発行元の4社とSMAPメンバーらが著作権侵害に基づく出版の差し止めや損害賠償を求めて東京地裁に提訴した。

無断掲載された記事としては、例えば、女性とのデートについて中居正広が「自転車のカゴにいろんなものつめてピクニックに行く…みたいなのがいいな。ベイブリッジがどーのとか、トレンディがこーのとか、そういうのは大嫌い。カタカナよりもひらがなってカンジのつきあいがしたい」（『POTATO』学習研究社、1992年5月号）などと語ったものがある（横浜ベイブリッジは1989年9月完成で、「トレンディ」とは、バブル期に使われた「流行の」や「最先端の」という意味の言葉である。なにげに時代を感じさせる）。

東京地裁は、雑誌発行元に対する著作権侵害を認め、被告側に出版の差し止めと損害賠償の支払いを命じた。だが、その一方で、「あらかじめ用意された質問に口述者が回答」し、その内容が「執筆者の企画方針等に応じて取捨選択され」、「表現上の加除訂正が加えられて文書が作成」されたことなどから、SMAPメンバーは「単に文書作成のための素材を提供したにとどまる」として、著作者とは認められなかったのである。

話した内容がそのまま文書化されたのであれば、おそらくSMAPメンバーが著作者であろう。自分では著作者だと思っていても、情報のまとめ方、加工の仕方によっては著作者とはならない可能性があるということだ。

## 「全聾の天才作曲家」のケースは

それでは、このケースはどうだろうか？　2014年2月、「全聾《ぜんろう》の天才作曲家」として活動していた佐村河内守《さむらごうちまもる》氏が、音楽家の新垣隆《にいがきたかし》氏にゴーストライターとして作曲をさせ、それを自らの楽曲として発表していたことが明らかとなり、世間を騒然とさせた。

佐村河内氏が最初に作曲を手掛けたとされるのは、1997年に公開された映画『秋桜《こすもす》』の音楽であった。当初は佐村河内氏がシンセサイザーで打ち込んだ音源などを新垣氏に渡し、新垣氏がそれをアレンジして楽曲として仕上げるという手順を踏んでいたようだ。その後のゲーム音楽も、それと同様の方法で制作されたという。

二人の役割が変わったのは、74分にも及ぶ大作である『交響曲第1番HIROSHIMA』以降のようだ。佐村河内氏が新垣氏に「指示書」を渡し、それに基づいて新垣氏が楽曲を作るという役割分担になったと見受けられるからである。

著作権は「創作的な表現」を保護する権利なので、具体的な「表現」として外部にあらわれていない「アイデア」は著作物ではない。そのため、佐村河内氏が「指示書」を作るのにどんなに苦労したのだとしても、その「指示書」に楽曲としての具体的な表現があらわれていないのであれば、佐村河内氏を作曲者と考えることは困難であろう。そこで、ここから先は、権利関係を容易に理解できるよう、『交響曲第1番HIROSHIMA』以降の一連の楽曲については「新垣氏単独の著作」であると仮定して説明を進めることにする。

前述したように、著作者の権利には、「著作権（財産権）」と「著作者人格権」のふたつがある。このうち「著作権」については他人に譲渡することができ、著作権の譲渡を受けた者が「著作権者」となる。新垣氏は「著作権」を放棄することを表明しており、「著作権」は佐村河内氏に承継されたということで、一応の決着がついているようだ。[*1]

## じつは多い著作者人格権をめぐるトラブル

だが、新垣氏は自らが「著作者人格権」を有することを主張している。一連の楽曲が「新

*1　2014年12月末、JASRACは佐村河内氏との間で結んでいた著作権信託契約を解除した。なお、契約解除前に使われた楽曲の著作権使用料をJASRACが支払っていないとして、2016年8月、佐村河内氏はJASRACを相手取り東京地裁に提訴したが、JASRACに取材したところ、現在、佐村河内氏とJASRACとの間に係争は存在しないとのことである。

| | |
|---|---|
| 公表権 | 自分の著作物で、まだ公表されていないものを公表するかしないか、するとすれば、いつ、どのような方法で公表するかを決めることができる権利 |
| 氏名表示権 | 自分の著作物を公表するときに、著作者名を表示するかしないか、するとすれば、実名か変名かを決めることができる権利 |
| 同一性保持権 | 自分の著作物の内容又は題号を自分の意に反して勝手に改変されない権利 |

著作者人格権とは（出典：著作権情報センターホームページ）

垣氏単独の著作」であれば、たしかに「著作者人格権」は新垣氏のみに帰属する。

表に示すように、「著作者人格権」は、「公表権」「氏名表示権」「同一性保持権」という3つの権利からなる。

新垣氏の所属事務所によると、『ヴァイオリンのためのソナチネ』と『ピアノのためのレクイエム』のふたつの作品については、共にある少女に献呈された作品であることから、新垣氏は「唯一の作曲者」として自身の名義を認めるよう佐村河内氏側に要請しているという。要するに、自分の実名を著作者名として表示することを決めることができる「氏名表示権」を行使しようというのである（佐村河内氏側からは何ら応答のない状態が続いているという）。

じつは、「著作者人格権」は他人に譲渡できないことから、それをめぐるトラブルは意外と多い。みなさんも仕事などで何らかの作品を製作しなければならなくなった時、他人にお願いすることは多いのではないだろうか。楽曲を作ってもらうことは稀《まれ》かもしれないが、文章を書いてもらったり、イラストや動画を製作してもらったり、といったことはあるだろう。その際、著作者人格権の存在が、その後の揉めごとの原因となることは結構ある。

では、どうすればよいのか。一例として先ほどのケースを佐村河内氏の立場で考えてみると、次のような対応をしておけば、新垣氏と揉めることを避けられた可能性がある。

**①新垣氏から「著作権」を買い取り、それと同時に「著作者人格権」を行使しない約束を結ぶ**

佐村河内氏と新垣氏が、あらかじめこのような約束を結んでおけば、「著作権」は佐村河内氏のものとなる一方、「著作者人格権」は新垣氏に残るものの、同氏はそれを主張できなくなる（このような約束を「著作者人格権不行使特約」と言う）。

また、今後もその楽曲にアレンジを加える予定があるのなら、「翻案権」や「二次的著作物（もとの著作物を翻案などして創作されたもの）の利用に関する原著作者（もとの著作物の著作者）の権利」（42ページ参照）についても譲渡の対象であることを明記しておく（そうしないと、このふたつの権利だけは譲渡されていないという推定が働いてしまう）。

### ②佐村河内氏が新垣氏を従業員として雇う

佐村河内氏が新垣氏を従業員として雇用し、新垣氏に命じて「職務著作」として作曲をさせれば、「著作権」も「著作者人格権」も初めから佐村河内氏側に帰属する。「職務著作」とは、会社などの企画・意図などに基づいてその従業員が職務で著作物を作成し、それを会社などの名義で公表した場合、その従業員を著作者とする特別な定めがない限り、その会社などが「著作者」となることを言う（「会社など」と書いたが、個人事業主が個人を雇う場合もこれに該当すると考えられている）。

もちろん、こんな条件では相手が納得しない可能性もある。だが、問題解決を先送りすることで、結果として予期せぬ事態を招く可能性があることには十分留意する必要がある。

### ひこにゃん騒動

著作者人格権などをめぐってトラブルとなったものとしては、滋賀県彦根市の人気キャラクター「ひこにゃん」をめぐる騒動が有名だ。

２００５年11月、２００７年に彦根市で開催される「国宝・彦根城築城４００年祭」のために実行委員会がＰＲキャラクターを公募し、彦根藩二代当主・井伊直孝を手招きして雷雨から救ったとされる白猫をモチーフにしたイラストが選ばれた（具体的には、「座る」「跳ねる」「刀を抜く」の3ポーズのイラストが採用された。「ひこにゃん」の愛称はその後の一般公募で選定された）。

キャラクターの権利譲渡に関する契約書に、「著作権等一切の権利は実行委員会に帰属する」などとしか書かれていなかったことが、実行委員会から権利を引き継いだ彦根市と、作者の「もへろん」氏との間で、長期間にわたって争う原因となった（ひこにゃんのイラストと名前は市側が商標登録した（商標登録第5104692号など））。

ひこにゃんの3ポーズ

400年祭中、市側がひこにゃんに「お肉が好物」などの設定を後付けするなど「適正なキャラクター管理を怠《おこた》った」として、作者側は著作者人格権（同一性保持権）の侵害を主張。2017年12月に成立した民事調停において、市側は3ポーズのイラストに限定して使用を継続できることになり、また、作者側は絵本に限り創作活動を認められることになった。

だが、その後、作者側が絵本に留まらず、「ひこねのよいにゃんこ」

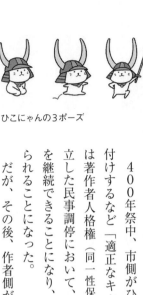

ひこにゃんの立体物。2016年5月に彦根市にて（著者撮影）

ひこにゃんの作者もへろん氏が出版した『ひこねのよいにゃんこのおはなし』（サンライズ出版）

という類似キャラクターを使ったグッズ展開を開始したことから、市側は販売差し止めの仮処分の申し立てなどで対抗した。

２０１１年３月、大阪高裁は、作者側の行為は市側の著作権侵害にあたると判断した。また、市側が３ポーズ以外に立体物の製作許可を与えていることが調停違反であると作者側が主張していた点については、立体物の作成に関する翻案権は市側に譲渡されていると判断した（立体物〔着ぐるみなど〕を作る予定が契約書に明記されていたため）。

結局、翌年11月に両者は和解し、「ひこねのよいにゃんこ」も消えることとなった。

２０１６年５月、関西地方を訪れていた筆者は彦根市に立ち寄った。彦根城を訪れると、着ぐるみのひこにゃんが活躍中であった。街中では数々のひこにゃんグッズが売られていたが、３ポーズ以外を目にすることはなかった。イラストの管理を厳格に行うことで怪しげなグッズが出回らないというメリットはあるかもしれないが、バリエーションがあまりにも少なく、かなり物足りなさを感じたというのが率直な印象だ。

実際にポーズの制約などでライセンス料が落ち込んできたこともあり、2016年7月、市側と作者側は覚書を交わし、新たなイラストや動画の制作も可能となった。2017年3月には4つ目のポーズとなる新イラストも公開されている。ようやく前向きな展開が可能となったわけだが、それに至るまでの時間的・費用的・精神的な負担を考えると、著作権と著作者人格権の違いを正しく理解し、最初の契約の段階から権利の帰属について明確にしておくべきであっただろう。

## 職務著作と職務発明

先ほど、佐村河内氏が新垣氏を従業員として雇用して、新垣氏に命じて「職務著作」として作曲させる可能性について言及した。この「『職務著作』であるのかどうか」ということも、争いになることがある。

例えば、観光ビザで来日した中国籍のデザイナーがアニメーション制作会社で作成したキャラクターの絵柄が、職務著作にあたるのかどうか問題となったことがある。

1993年7月、中国・香港からデザイナーが観光ビザで来日。日本のアニメーション技術を習得したいという本人の希望を叶えるため、会社の代表者が受け入れを決めたのである。雇用契約が結ばれていたわけではなかったが、来日直後から会社の従業員宅に賄《まかな》い付きで暮らし、会社のオフィスで給料をもらいながら作業をした。そして、三度目の来日で就業ビザに切り替わった。

そのデザイナーが作成した絵柄を使ってテーマパークのライドアトラクション向けアニメーション『RGBアドベンチャー』が作られたが、その後、これが職務著作にあたるかどうかについて最高裁まで争われることになった。

2003年4月、最高裁は、観光ビザの時期も含めて、このデザイナーが会社の指揮監督下で労務を提供したこと、また、その対価として金銭の支払いを受けていたことから、実質的な雇用関係を認めて、職務著作であると判断した。

また、「職務著作」だけではなく、「職務発明」をめぐっても争いが起こることがある。

会社の従業者が「職務著作」をした場合、権利は初めから会社のものとなるが、「職務発明」をした場合は、「特許を受ける権利」は原則として発明者である従業者に発生する。だが、契約などであらかじめ定めておくことで、特許を受ける権利を会社が引き継いだり、その発生時から会社に帰属させたりすることもできる。その代わり、会社は「相当の利益」をその従業者に与えなければならない(職務著作の場合は同様の規定はない)。

2014年10月、青色LEDの発明と実用化に貢献したことで、赤崎勇氏、天野浩氏、中村修二氏の3氏がノーベル物理学賞を受賞した。中村氏による日亜化学工業時代の発明が、「職務発明」にあたるのかどうかが裁判で争われたことは広く知られている。

中村氏は、結晶膜を作るために市販されていた蒸着装置を二方向からガスが流れるように改造。それを使って、青色LEDの基になる窒化ガリウムの半導体結晶膜で、当時の世界最高品質のものを作ることに成功した。それが日亜化学工業名義の特許となったのだ(特許第2628404号)。

職務発明に該当するには、従業者等がした発明で、それが会社の業務範囲に属し、それがその従業者等の現在又は過去の職務に属することが必要とされている。中村氏が日亜化学工業の従業者であったことは間違いないが、中村氏は「社長からの中止命令を無視して開発を続けた結果、発明に至った」と語っており、業務範囲外で職務外であると主張した(同社の社長は「中止命令などは出していない」と反論した)。

結局、2002年9月、東京地裁はその中間判決において、中村氏が日亜化学工業で研究・開発に従事し、勤務時間中に同社の設備を使い、他の従業員の労力などを得て発明をなしたとして、職務発明であると認定した（その後、「相当の対価」の算定へと審理が移り、2004年1月に東京地裁が約600億円に相当すると判断して世間を騒がせたものの、2005年1月、約6億円〔延滞損害金も加えて約8億4000万円〕で和解した）。

なお、人気作家の東野圭吾氏も、日本電装（現在のデンソー）在職時に、「斜め孔《あな》の放電加工方法」という「金属に対して斜めに穴を空ける」という内容の生産技術（推理小説に登場する青酸の技術ではない！）に関する職務発明をしている（特公平6−69652）。

## 「ジョン万次郎銅像事件」とは

ところで、先ほど紹介した佐村河内事件では、作曲者として新垣氏ではなく佐村河内氏の名前が記されていることについては別の問題もある。

著作権法に「著作者名詐称《さしょう》罪」というものが規定されているからだ。著作者でない者の実名などを著作者名として表示した著作物の複製物（書籍やCDなど）を頒布《はんぷ》すると、懲役《ちょうえき》や罰金が科されることになっているのである。

だから、ゴーストライターがいたという事情を知りつつ書籍やCDを販売した会社は、形式的にはこの罪に問われる。だが、出版業界などでゴーストライティングが広く行われていることは周知の事実であり、この規定で処罰されたという話も聞いたことがない。

もっとも「著作者名詐称罪」があることから、「ゴーストライター契約」は公序良俗に反するため無効といった見解も多い。興味深い裁判例に、「ジョン万次郎銅像事件」がある。

ジョン万次郎は本名を中浜万次郎と言う。14歳の時に乗っていた漁船が難破し、その後米国の捕鯨船に救助され、米国で英語・数学・航海術などを学び、帰国後に幕府に重用されて通訳や教授を務めた。

1968年（昭和43年）、高知県土佐清水市の足摺岬《あしずりみさき》公園にジョン万次郎の銅像が建てられた。万次郎の出身地だったからである。イタリアで長年柔道の指導をしていた彫刻家・大谷憲智氏が銅像の建設を請け負った。完成後、その台座部分には、大谷氏の通称「大谷研」が刻まれた。

ところが、30年以上も経ってから、多摩美術大学教授などを務めた彫刻家・西常雄氏が、自らが本物の著作者であるとして「氏名表示権」の確認などを求めた訴訟を起こしたのである。師弟関係などの事情から西氏は長年大谷氏の通称が刻まれていることを黙認していた。だが、金銭問題や身内の問題などの揉めごとが重なった挙句に大谷氏が西氏を「助手

足摺岬公園のジョン万次郎銅像（出典：高知県土佐清水市観光協会のホームページ）

呼ばわり」したことが決定打となり、訴訟にまで発展したのだ。

結局、2005年6月に東京地裁、翌年2月に知財高裁、いずれも「塑像《そぞう》制作について創作的表現を行なった者は西氏のみ」であり、大谷氏は「塑像の制作工程において西氏の助手として準備をしたり粘土付け等に関与しただけ」であるとして、西氏の請求を認めた。

知財高裁の判決では、仮に大谷氏と西氏との間に大谷氏名義で公表することについての合意があったのだとしても、「公衆を欺くものとして刑事罰の対象となり得ることをも別途定めていること」からそのような合意は無効と判断している。ふたりの合意さえあれば万事OKというわけではないということだ（ちなみに、かなり古い例だが、大正時代に大審院〔現在の最高裁〕が、著作者の同意の存在によって合法と判断したこともある）。

## ビートたけしと所ジョージの発明品

他方で、実際に複数の人が共同でひとつの著作物（分離して利用できないもの）を創作すると、それは「共同著作物」となり、各人が権利を共有することとなる。「共同著作」で身近なものとしては、共作の漫画が挙げられるだろう。複数人のペンネームとしては、『キン肉マン』の作者の「ゆでたまご」（嶋田隆司、中井義則）や、『あさりちゃん』の作者の「室山まゆみ」（室山眞弓、室山眞里子）がよく知られている。

また、複数の人が共同でひとつの発明をなした場合は、その発明を「共同発明」と呼ぶ。発明の場合、実際にそれを発明したのかどうかで発明者が決まるため、研究テーマを与えただけの人、課題解決の方向性を示しただけの人、指示に従って手伝っただけの人、単なる資金提供者や管理者は、発明者ではない。

ただし、特許権はアイデアを保護する権利だから、アイデアを出しただけの人も発明者となりうる。表現になる以前のアイデアを出しただけでは著作者とはならないのとは事情が異なるのだ。

例えば、最終的には特許となっていないが、ビートたけしと所ジョージが共同発明したものに、「アイアンクラブヘッド」（特開2007-44440）というものがある。図を見てのとおり、パターのような形をしたアイアンである点が特徴となっており、実際に「T

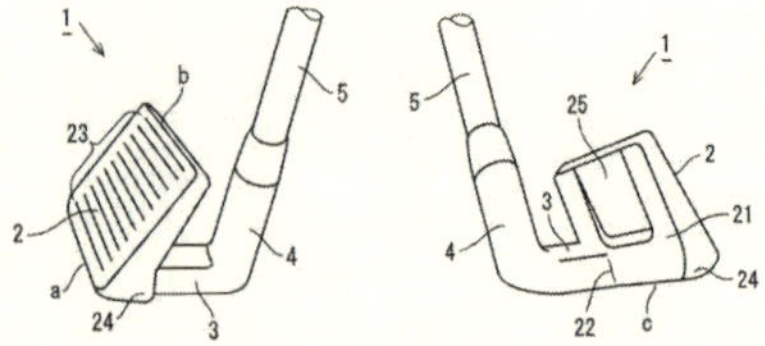

「アイアンクラブヘッド」(特開2007-44440)

×Tパラレルハンマーアイアン」として商品化されている。

「オイ、所! パターの延長線上でアイアンを作ってくれねえかなぁ」という、たけしの一言から所が独自の「ハンマー理論」に基づいて作り出したという。たけしは着想の提供をしただけだが、ふたりに一体的・連続的な協力関係があることからこのような役割分担でも、たけしは発明者となるわけだ。

なお、アイアンクラブヘッドのような「産業」の範囲に属する「量産できる実用品」は、美術工芸品や、美的創作性が高いものなどを除き、原則として著作物ではないと考えられている。そのため、一般的には、特許権や意匠権で保護されることになる。

## 「著作権判例百選事件」

ここで発明から著作物に話を戻して、最後にもっと多くの人がかかわるケースについても考えてみたい。

例えば、専門書では、分担執筆者が大勢いることがある。そのような場合、その専門書は編集方針に基づいて各原稿が選択・配列されたものだから「編集著作物」（27ページ参照）となる。各原稿についてはそれを書いた分担執筆者が著作者だが、それに加えて、書籍の編者が編集著作物の著作者となる。

著作権に関する判例をまとめた『著作権判例百選（第４版）』（有斐閣、２００９年）の編者のひとりとされた大渕哲也・東京大学教授は、改定版である『著作権判例百選（第５版）』（有斐閣、２０１６年）の編者から自らを除外されたことにより著作権と著作者人格権を侵害されたとして、第５版の出版差し止めの仮処分を東京地裁に申し立てた。

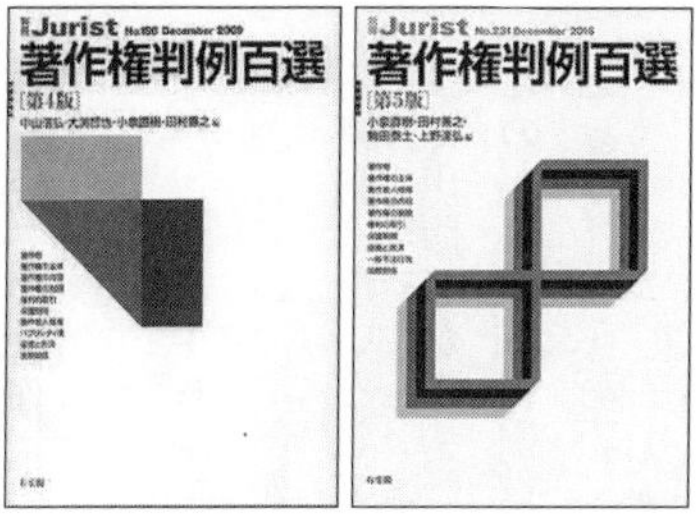

『著作権判例百選（第４版）』と『著作権判例百選（第５版）』（いずれも有斐閣）

なぜこんなことになったのか筆者にはよくわからないが、「著作権村」のパワーバランスが関係しているのかもしれない。

２０１５年10月、東京地裁は、第４版と第５版はその大半が一致することから第５版は第４版の「二次的著作物」であり、大渕氏の著作権と著作者人格権を侵害するとして、第５版の出版を差し止める仮処分決定を出した。著作権の解説書が著作権侵害で出版差し止めになるという前代未聞の事態が発生したのである。

だが、2016年11月、知財高裁は、大渕氏が第4版において「アドバイザーの地位」に置かれていたことから、そもそも第4版の著作者ではなく、第5版の出版差し止めを求める権利はないとして、仮処分の決定を取り消した。これにより、約1年遅れて第5版は無事に出版された。

この「著作権判例百選事件」、果たして『著作権判例百選(第6版)』に掲載されることになるのだろうか？

## 「宇宙戦艦ヤマト」をめぐる裁判

さらに大勢の人がかかわる著作物と言うと、やはり「映画の著作物」であろう。ここでは一例として、かつて社会現象を巻き起こした『宇宙戦艦ヤマト』シリーズについて取り上げてみたい。この作品をめぐっても、著作者が誰なのかといった争いが繰り広げられた。

その第一作は、1974年(昭和49年)にテレビアニメとして放映された。プロデューサーの西崎義展氏が企画を立ち上げ、漫画家の松本零士氏が企画段階の途中から参加し、キャラクターやメカのデザインや設定を行った。

じつは、「空飛ぶ戦艦」という発想は戦前から見られるものだ。1960年代には、梶原一騎原作の『新戦艦大和』という作品が発表されている。筆者も参考資料として購入し、実際に読んでみた。偶然の一致なのか、艦長の名字が同じ「沖田」である。

もちろん、戦艦大和を飛ばすという発想は「アイデア」に過ぎないから、既存作品とは表現の異なる別の作品を作れば、著作権侵害となることはない。実際に、「銀河系外の遠く離れた星から1年以内に放射能除去装置を地球に持ち帰ってくる」という『ヤマト』の設定は極めて斬新だ。科学的に考えるとツッコミどころが満載なのだが、当時はそれをいちいち指摘する人もいなかったようだ。

雑誌『少年画報』のふろく漫画『新戦艦大和』(資料としてヤフオクで筆者が購入)

当初のテレビ放映では裏番組が『アルプスの少女ハイジ』であったことなどが災いし、視聴率は振るわなかったという。だが、再放送で火がつき、1977年8月に映画版が公開されている。

翌年8月、白色彗星帝国とヤマトとの戦いを描いた映画『さらば宇宙戦艦ヤマト　愛の戦士たち』が公開され、日本のアニメ史上に残る大ヒットを記録するが、以後、迷走が始まる。「さらば」と銘打っておきながら、西崎氏は、その後も延々と続編を作り続けたのだ。1983年公開の『宇宙戦艦ヤマト　完結編』でようやく打ち止めとなった。

1999年2月、西崎氏が覚せい剤所持などの容疑で逮捕・収監されると、松本氏は、自らが『ヤマト』の著作者であると主張し、「新作のヤマト」の製作準備に取り掛かった。

これに対して西崎氏は獄中からストップをかけた。同氏は「著作権のすべては西崎に帰属している」と主張して松本氏への反論を展開したのだ。これに対して松本氏は、西崎氏を著作者人格権侵害と名誉棄損《きそん》で東京地裁に訴えた。

## 果たして著作者はどちらなのか

果たして、『ヤマト』の著作者はどちらなのか？　著作者については、「著作物を創作した者」と説明してきたが、映画の著作物には異なるルールが適用される。

具体的には、原則、監督やプロデューサーといった「映画の著作物の全体的形成に創作的に寄与した者」が「著作者」となる。また、著作者が「映画製作者」（映画会社や製作委員会）に対して製作への参加を約束している場合、映画製作者が「著作権者」となる。

これは、映画を製作するのにあたって巨額の投資が必要で、また、非常に多くの人が関わるからだ。関係者全員に権利を認めると、その後に映画を利用する際の障害となる可能性が高くなる。そのため、原則として映画製作者に「著作権」を集中させることで巨額の投資を回収できるようにしたのである。[*2]

2002年3月、東京地裁は、西崎氏が「本件著作物の全体的形成に創作的に寄与した」一方で、松本氏は「部分的に寄与したにすぎない」として、『ヤマト』の著作者は西崎氏であると判断した。先ほどのルールを当てはめると、製作総指揮を担当した西崎氏が「著作者」となり、同氏の会社[*3]が「著作権者」になると考えることができるから、その点では妥当な判断であろう。

この判決により、松本氏の「新作のヤマト」は暗礁《あんしょう》に乗り上げてしまう。このように裁判と同時並行で企画を進めることは非常にリスクが大きいことから、できることなら、

＊2　原作の著作者の他、脚本や音楽などの著作者を「クラシカルオーサー」、映画の著作物それ自体の著作者を「モダンオーサー」といった呼び方をする。映画の中で使われる音楽の利用については、別途、ＪＡＳＲＡＣなどとの権利処理が必要となる。

＊3　「オフィス・アカデミー」。途中から「ウエスト・ケープ・コーポレーション」（「西崎の会社」の英語直訳）。

関係者間で事前に調整を進めておくべきなのは言うまでもない。

2003年7月、西崎氏と松本氏は和解した。西崎氏も「新作のヤマト」の製作を計画していたことから（2009年に『復活篇』として公開）、松本氏の「新作」には『ヤマト』のキャラクターなどを一切使用しないことなどが確認された。

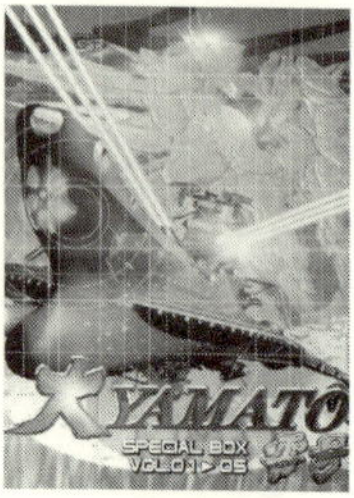

『大YAMATO零号』SPECIAL BOXのパッケージ（資料としてAmazon.co.jpで筆者が購入）

この和解により、松本氏の「新作」は、『ヤマト』とは無関係の『大ヤマト零号』（後に『大YAMATO零号』に改題）として世に出ることになった。筆者も購入し、実際に観てみた。翼の生えた「ヤマトもどき」はパクリ感が満載だが、正真正銘の松本零士作品である。

このDVDの発売に先立って、複数のパチンコメーカーにより『大ヤマト零号』をモチーフにした「大ヤマト」を冠するパチンコ台が設置された。

すると、映像関連事業を手掛ける「東北新社」が、『ヤマト』のキャラクターやメカを彷彿させる画像が使われたことで自社の著作権を侵害されたとして、東京地裁に訴え出た。じつは、『完結編』以降はヒット作に恵まれなかった西崎氏は、収監前に『ヤマト』の作品群に関する著作権を4億5000万円で東北新社に譲渡する契約を結んでいたのだ。

東北新社は地裁では契約書の不備などを指摘されて敗訴するものの、[*4] 2008年12月、メーカー側が東北新社に和解金2億5000万円を支払うことで和解した。メーカー側が著作権侵害を認めることで最終的な決着が図られたようである。

この他にも、商標権や著作権をめぐって複数の裁判が起こされている。巨額の富を生み出し得るビッグコンテンツは、それゆえに様々な争いのもとになるということだ。

なお、ここまで見てきたように、コンテンツや商品に関係した当事者たちは、「生みの親」のみならず、その「育ての親」も含め、自らも大きな貢献をしていると考えていることが多い。だからこそ、早い段階から関係者の役割や権利関係を明確にし、曖昧な部分をできるだけ残さないようにしておくことが重要である。それはトラブルの発生後にしても同様だ。問題をこじらせないためにも、最低限の「知財リテラシー」は身に付けておきたい。

*4 傍論として、「ヤマト」と「大ヤマト」のデザインの対比も行っている。そこでは、「ヤマトの形状及び色彩」は、戦艦大和に基づいて制作され、その艦首に発射口（波動砲）を設けたものだから、発射口（波動砲）がある点を除いて「ありふれたもの」と述べている。

## 2　そのブランドの使用がなぜ問題になるか？

### 乱立する地域ブランド

自らの商品・サービスの差別化を図り、そのブランドの価値を高めることは重要である。そのためには「商標権」を中心に他の知的財産権も含めた戦略を立てることが有効だ。ここでは一例として「地域ブランド」について取り上げる。

少子高齢化が進む中、地域経済の活性化の必要性が叫ばれて久しい。その方策のひとつとして、２００６年４月、「地域ブランド」の保護と育成を推進することを目的として「地域団体商標制度」が導入された。

具体的には、「地域ブランド」として用いられることの多い「地域の名称」と「商品・サービスの名前」とを組み合わせたものを登録する制度である。

例えば、商品「埼玉県産の野菜」について商標「埼玉野菜」は、商品の産地を示しているに過ぎない。そのため、他人の商品・サービスと区別できる「目印」としては機能しないという理由から、原則として登録できないことになっている。

そのため、「地域の名称」と「商品・サービスの名前」とを組み合わせた商標を登録するためには、長年使用して全国的な知名度を獲得することにより「目印」として機能させるか、文字だけではなく図形なども組み合わせて、全体として「目印」として機能するように商標を工夫するしかなかった。

全国的な知名度を獲得したことで商標登録できた例としては、「夕張メロン」（商標登録第2591067号など）や「宇都宮餃子」（商標登録第4546706号）などがある。

だが、全国的な知名度を獲得することは容易ではないし、図形などと組み合わせた商標は、商標全体として類似しない他人による商標の使用や登録を排除できない。

夕張メロン

（商標登録第2591067号）

宇都宮餃子

（商標登録第4546706号）

そのため、地域団体商標制度では、「地域ブランド」の登録を可能とするために、登録の要件を緩和している。具体的には、①「地域の名称」と「商品・サービスの名前」とを組み合わせたものであり、②地域に根ざした団体（事業協同組合など）の出願であり、③団体がその構成員（加盟店など）に使用させる商標であり、

④地域の名称と商品・サービスに関連性があり、⑤隣接都道府県においてある程度有名である、といった条件を満たせば登録を可能としたのである。

この制度によって、「米沢牛」（商標登録第5029824号）、「草津温泉」（商標登録第5083102号）、「静岡茶」（商標登録第5062720号）、「今治タオル」（商標登録第5060813号）、「博多人形」（商標登録第5009422号）、「長崎カステラ」（商標登録第5003044号）などの「地域ブランド」が登録された。特許庁によると、2018年5月31日までに登録されている地域団体商標は、全部で631件もあるという。件数を聞いて、「地域ブランドって、そんなにたくさんあったっけ?」と思われた方もいるかもしれない。

例えば、東京都にある団体が地域団体商標として登録しているものは次の18件だ（「江戸」は「東京」の旧称であるため、「地域の名称」に含まれる）。

稲城の梨／江戸甘味噌／江戸押絵羽子板／江戸衣裳着人形／江戸木目込人形／江戸木版画／江戸甲冑／江戸指物／江戸切子／江戸からかみ／東京銀器／東京染小紋／江戸更紗／東京無地染／江戸小紋／東京手描友禅／かっぱ橋道具街／東京牛乳

実際に登録されているので、首都圏においてある程度有名になっていると特許庁が判断したということだが、首都圏在住であっても、ここに挙げたすべてを知っているという方は、なかなかいないのではないだろうか？　地域活性化のためとはいえ、全国で600件以上というのは、さすがに数が多すぎるような気がしないでもない。もちろん、きちんと活用されているのであれば、何ら問題はないのだが……。

## 誰もが知っていても登録できないことも

一方、「誰もが知っているブランド」であっても、登録に至らないこともある。

例えば、2006年4月、福島県喜多方市の「蔵のまち喜多方老麵《らーめん》会」は地域団体商標として「喜多方ラーメン」を出願した。だが、特許庁は、同老麵会やその加盟店の商標として周知となっているものとは認められないとして拒絶。その後、同老麵会は最高裁まで争ったが、同老麵会の加盟店以外に「喜多方ラーメン」の看板を出した店が多々あることなどを理由に主張が認められなかった。たしかにそのような状況では、「喜多方ラーメン」が、加盟店とそれ以外とを区別する「目印」として機能しているとは言えない。

また、こういった状況で「蔵のまち喜多方老麵会」だけに商標を独占させると、加盟店以外が「喜多方ラーメン」を使えなくなる事態になりかねない。そういった「ずるい」状態を作りださないためにも、妥当な判決と言えるだろう。

同じ地域ブランドを使用する団体が複数ある場合は、「争奪戦」となることもある。

2008年1月に徳島県漁業協同組合連合会が「鳴門わかめ」を商標登録した際は、徳島県側に「抜け駆け」されたと激怒した鳴門海峡対岸の兵庫県側が異議を申し立てた。翌年7月、特許庁は「鳴門わかめ」について、「周知性を獲得している団体が複数あるにもかかわらず、一つの団体が出願して登録されたもの」であるとして、登録を取り消した。

商標権というのは、指定した商品・サービスについて登録商標を使用することのできる独占権だから、誰かに権利を与えると、必ず排除される者が出てきてしまう。それは地域ブランドの保護を目的とした「地域団体商標」でも例外ではない。

実際に、「地域に根ざした団体が構成員に使用させる商標」という条件付きで登録となっていることから、その団体に加盟していない業者が地域団体商標を無断で使うことで、その団体との間で揉めごとになっているケースもある。「小田原蒲鉾」(商標登録第5437574号)と「小田原かまぼこ」(商標登録第5437575号)をめぐっては、小田原蒲鉾協同組合に非加盟の南足柄《みなみあしがら》市の業者などが同組合から訴えられたことがある。*5

## 特許庁と農林水産省のライバル争いか

ところで、特許庁が「地域団体商標制度」の普及を進めているところ、2015年6月からは、これとは別に、農林水産省が地域ブランドの保護を目的として「地理的表示（GI）保護制度」（GIは、Geographical Indication の略）の運用を開始した。

農林水産省が特許庁に喧嘩《けんか》を売ったというわけではない。日本が加盟する世界貿易機関（WTO）[*6]の「TRIPS協定」（知的所有権の貿易関連の側面に関する協定）[*7]が「地理的表示」の保護を求めていることから、2014年6月に「地理的表示法」（特定農林水産物等の名

＊5　南足柄市の業者などが、地域団体商標「小田原蒲鉾」と「小田原かまぼこ」を無断で使用していたことから、2016年3月、小田原蒲鉾協同組合は商標権を侵害されたとして横浜地裁に提訴した。2017年11月、横浜地裁小田原支部は、訴えられた2社の先使用権などを認め、訴えを棄却した（2018年6月に和解が成立）。

＊6　自由貿易促進などを目的として創設された、世界の貿易を統括する国際機関。常設事務局はスイスのジュネーブにある。2018年1月末現在、加盟国数は164ヶ国。

＊7　「世界貿易機関を設立するマラケシュ協定」の一部である知的財産権に関する協定。「TRIPS協定」は、「Agreement on Trade-Related Aspect of Intellectual Property Rights」の略。

GIマーク

地域団体商標マーク

称の保護に関する法律）が制定され、この制度が始まったのだ。

ここで言う「地理的表示」とは、「その産品の特性（品質や評価）がその産地と結びついた地域ブランド産品の名称」である。わかりやすく言えば、その名称から産品の特性や産地が特定できるものということになる（必ずしも地域の名称を含む必要はない）。

保護の対象となるのは、農林水産物や食品である。産品の生産者団体が農林水産省に申請し、同省が生産方法や特性などについて審査を行う。そして、一定の基準を満たしたと判断された場合に、「地理的表示」と「ＧＩマーク」の使用が許可される。登録を受けた生産者団体はその後も品質管理を実施することが求められる。

地理的表示の登録を行うメリットは、産地と結びついた品質について「国のお墨付き」が得られ、品質基準に満たない模倣品などの不正使用を国が取り締まってくれる点であろう。また、更新手続が必要なく、取り消されない限り登録が存続する（商標権の場合は10年ごとに更新手続きをしなければならない）。

２０１５年12月から登録が始まり、２０１８年4月9日までの間に、「神戸ビーフ」「三輪素麺《そうめん》」「米沢牛」「みやぎサーモン」など62産品がすでに登録されている。地域団体商標として登録されているものを地理的表示として重ねて登録することも可能だ。

この「地理的表示（GI）保護制度」が始まってから2年半が過ぎた2018年1月、特許庁は突如《とつじょ》として「地域団体商標マーク」を公表した。「地域団体商標を活用する皆様からの強い要望」を受けたことがマークを作った理由となっているが、もしかすると、特許庁内で「GIマーク」に対抗心を燃やした人が多かったのかもしれない。

## 「八丁味噌」をめぐる大トラブル

地域ブランドの保護を目的としながらも、先ほどの地域団体商標と同様、地理的表示をめぐっても大きなトラブルとなったものがある。

2017年12月、「味噌カツ」など名古屋の名物料理で使われる「八丁味噌」が、地理的表示の登録を受けたことが発表された。

ところが、発祥地の愛知県岡崎市にある老舗の「まるや」（株式会社まるや八丁味噌）及び「カクキュー」（合資会社八丁味噌）が対象から外れたのである。そもそも「八丁味噌」の「八丁」は、岡崎城から西に八丁（約870メートル）ほど離れた旧・八丁村（現・岡崎市八帖町《はっちょうちょう》）に由来する。先ほどの2社（以下、「老舗2社」）は江戸時代からこの地で操業しており、「八丁味噌」の本家本元なのだ。

老舗2社は、地理的表示制度の開始にあわせて、「八丁味噌」の登録を申請していた。だが、同時期に、これとは別に「愛知県味噌溜《たまり》醤油工業協同組合」（以下、「県組合」）も「八丁味噌」の登録を申請していたのだ（老舗2社は県組合には加盟していない）。県組合に加盟している43社も昭和初期から長らく「八丁味噌」を作っていた。

ここで大きな問題となったのが、申請内容が両者で大きく異なった点である。表を見ていただければわかるように、生産地や製法に大きな違いがある。

両者の間に挟まれるかたちとなった農林水産省は、統一に向けて約2年間も調整を続けたという。だが、折り合いがつかず、その結果として老舗2社が申請を取り下げた。すると、県組合の申請が認められることとなったのである。

ここで、商標登録の状況がどうなっているのか気になった方もいるかもしれない。

特許情報データベース「J-PlatPat」で調べてみると、文字と図形とを組み合わせたものについては、「みそ」などを指定商品として、「まるや」（株式会社まるや八丁味噌）が商標登録している他（商標登録第４１２２９４３号）、複数のものを確認することができた。

| | 農水省認定（GI登録）の八丁味噌 | 老舗2社の八丁味噌 |
|---|---|---|
| 生産地 | 愛知県 | 愛知県岡崎市八帖町（旧八丁村） |
| 味噌玉 | 直径20㎜以上、長さ50㎜以上 | 握り拳ほどの大きさ |
| 熟成期間 | 一夏以上熟成（温度調整を行う場合は25℃以上で最低10ヶ月） | 天然醸造で2年以上（温度調整は行わない） |
| 仕込み桶 | タンク（醸造桶） | 木桶のみ（約6トン仕込める大きさ） |
| 重し | 形状は問わない | 重石は天然石を円錐状に約3トン積み上げること |

「八丁味噌」の製法の違い（出典：老舗2社のリリース）

（商標登録第4122943号）

では、文字のみの商標はどうだろうか？　文字商標「八丁味噌／ハッチョウミソ」は、老舗2社が商標登録していた（商標登録第5492591号）。だが、指定商品が「せっけん類」「歯磨き」「化粧品」などとなっていて、「味噌」とはまったく関係がない。調べてみると、生活用品などを手掛けるクラシエホームプロダクツが登録したものを2012年に老舗2社が譲り受けていた。念のための対応かもしれないが、この登録商標では指定商品とは類似しない商品「味噌」は守れない。

　地域団体商標については、出願の受付が開始された2006年4月1日に、老舗2社は「八丁味噌」（商願2006－029437など）を、また、同じ日に県組合も「愛知八丁味噌」（商願2006－029480）を出願した。だが、その後、両者の話し合いがまとまらず、老舗2社は2007年8月、県組合は同年10月にそれぞれ出願を取り下げ、いずれも商標権は取得できていない。

商標権をめぐって決着がつかなかったところ、地理的表示では、県組合の申請が通ったということになる。もちろん、県組合も農林水産省も老舗2社を排除するつもりはまったくなく、追加申請するよう呼び掛けているという。

老舗2社は登録された基準よりも厳しい品質を達成しているから追加申請にあたって製法などを変える必要はない。だが、伝統的な製法とは異なる県組合の「八丁味噌」に「国のお墨付き」が与えられたことに対する反発は、そう簡単には解消しそうにもない。

加えて、最大の問題点は、「GIマーク」が使えないことであろう。欧州では以前から地理的表示の保護に力を入れてきたことから、このままだと老舗2社は欧州連合（EU）加盟国において「八丁味噌」を名乗ることができなくなるおそれがある。

もっとも老舗2社が国内で継続して「八丁味噌」と名乗ることについては、何の問題もない。地理的表示の登録前から不正の目的なく使用していることから、地理的表示法の規定する「先使用権」が認められるからだ。

この一連のトラブルについては、農林水産省を批判する声もある。だが同省としては、

「八丁味噌」の普及拡大と産業振興のためには対象事業者が多いに越したことはないと考えたのであろうし、日本の知的財産権保護を図る国策的な観点からも地理的表示の登録を急ぐ必要があると判断したのだろう。[*8]

一連の報道を見ていると、老舗2社に対して同情的なものが目立つ。だが、昭和初期から「八丁味噌」という名前が愛知県内の事業者によって長年使われているという事実も無視できない。「八丁味噌」という言葉が「具体的に何を指すのか」が明確に定義されないまま「地理的表示保護制度」が始まってしまったことが、そもそもの混乱の元凶であろう。

結局のところ、今回の騒動で、「地域ブランドを保護すべき」と声高に叫んだところで、「どの範囲まで含めるのか」という問題点が存在することが顕在化《けんざい》した。仲間を増やして地域を盛り上げるべきなのか、厳格な基準に基づいて特定の業者だけが独占すべきなのか、そう簡単には結論の出せない問題である。早い段階から「地域ブランド」の定義について関係者間でしっかりと詰めておく必要があるということだろう。

＊8　2018年3月、老舗2社は農林水産省の決定を不服として、同省に不服審査を請求した。今後の行方が注目される。

## 海外に流出する日本の品種

最後に、「産品そのものの保護」についても触れておきたい。

その産品が果物などの農産物の場合、その名前だけではなく、「産品の品種」も保護する必要がある。と言うのも、「産品の名前」は商標法や地理的表示法で保護できるが、その産品の品種と同じものを異なる名前で販売されてしまった場合、そうはいかなくなるからだ。わかりやすく言うと、福岡県で生産されるイチゴ「あまおう」と同じ品種のイチゴを、無関係の第三者がまったく異なる名前を付けて販売するようなケースを考えてほしい。

こういった行為を防ぐためには、まず、それが一世代に限って特性が安定している「一代交配種（F1品種）」であれば、親種を厳重に管理すべきである（夕張メロンの親種は金庫で保管されている）。また、そうでない場合でも、その品種の育成方法などの技術的なアイデアを特許権で保護することが有効である。

さらに、「種苗法」による保護も検討すべきだ。種苗法は、品種登録に関する制度などを定めることで、品種の育成の振興などを図り、農林水産業の発展に寄与することを目的とした法律だ。品種改良によって生み出された農産物や園芸植物などの新品種を創作した人には、その新品種を登録することで、それを育成する権利（育成者権）が与えられる（先ほどの「あまおう」は「福岡S6号」として2005年1月に登録されている)。

農林水産大臣に対して出願する必要があり、区別性、均一性、安定性などから登録の可否が判断される。育成者権を得た者は、他人にライセンスをしたり、自らの権利を侵害する者に対して侵害行為の差し止めや損害賠償を請求したりすることもできる。権利の存続期間は、原則として品種登録された日から25年で、樹木などの永年性植物の場合は、品種登録された日から30年である。

また、最近問題となっているのが、韓国や中国などへの日本の植物品種の流出だ。

2017年6月、農林水産省は、日本のイチゴ品種の韓国への流出により、日本の輸出機会が奪われ、5年間で最大220億円の損失があったとする試算を発表した。韓国産の「錦香《クムヒャン》」は「章姫《あきひめ》」と「とちおとめ」を、また、「雪香《ソルヒャン》」は「章姫」と「レッドパール」を交配させたものであり、これらは韓国からアジア各国にも輸出されているという(交配した品種の場合、親品種の「従属品種」と認められなければ育成者権が及ばず、また、韓国の種苗法では、そもそも2012年まではイチゴは保護対象とはなっていなかった)。

奇しくも、翌年2月の平昌五輪で、北海道北見市のカーリング女子チーム「LS北見」の選手たちが韓国産のイチゴを頰張《ほおば》っていたことから、日本のイチゴ品種が韓国に流出している事実を多くの日本人が知ることとなった。

イチゴだけではなく、日本の農研機構（農業・食品産業技術総合研究機構）が開発したブドウ「シャインマスカット」の苗木も中国に流出し、現地で増殖を繰り返している。

怒りに震えている方もいるかもしれないが、個人的には、過去の対応を悔《く》やむのではなく、未来に向けて、世界各国でどのようにして日本の農産物を保護していくかを考えたほうが建設的であると思う[*9]。

先ほど最大220億円の損害という農林水産省の試算を紹介したばかりだが、仮に韓国産のイチゴがなかったとしても、その代わりに日本産のイチゴが売れたとも思えない。アジア各国への「韓流ドラマ」の浸透と同じように、韓国のイチゴ農家や政府関係者による積極的な広報・営業活動がビジネスを成功させた側面もあるだろう。

今後は「ジャパンブランド」の強みを最大限に活用し、日本の農産物をどう世界に展開していくのかといった積極的な国際戦略が求められている。

## 3　その権利切れのはずの知財がなぜ問題になるか？

### 「権利切れ」ならば安全・安心なのか

これまで見てきたように、知的財産権の侵害にあたるかどうかについては、判断の難しいケースが多い。色々と裁判が起こるのも、侵害しているかどうかの解釈について当事者間で見解が分かれることが多いからだ。

そのため、他人の知的財産権が明らかに及ばない「権利切れ」の状態のものであれば、侵害かどうかを考える必要がなく、ビジネスをする上では安心できると思われるかもしれない。実際、「権利切れ」の状態となったことを前提としたビジネスも多く存在する。

ここでは具体的に、以下のふたつのケースを見てみよう。

＊9　「属地主義」により各国で種苗法は独立しているから、国ごとの登録が必要だ。輸出や現地栽培の計画があれば、それに基づいて品種登録する国を決めればいい。「植物の新品種の保護に関する国際条約」（UPOV条約）では、自国内での譲渡開始から4年（樹木などの場合は6年）以内しか外国で登録することができないから、速やかに出願する必要がある。国の補助制度も積極的に活用すべきだろう。

ひとつ目は、「知的財産権が『用い尽くされている』（消尽《しょうじん》している）」場合だ。著作権であれば、いったん適法に市場に置かれた著作物（「映画の著作物」を除く[*10]）は「譲渡権」が用い尽くされ（消尽し）、それをさらに譲渡しても「譲渡権」侵害とはならないとされている。そのため、中古の本や音楽CDを販売する業態は違法ではない。

ただし、注意しなければならないのは、「譲渡権」以外の権利は消尽しないという点だ。中古の本や音楽CDを購入すれば、自分が「所有権」を持つが、「譲渡権」以外の著作権は生きており、それは依然として著作権者が持っている。そのため、著作権者に無断でその中古の本や音楽CDを私的使用の範囲を越えて複製すれば、原則として「複製権」の侵害となるし、その中古の本をスキャンした画像や音楽CDの音源をインターネットにアップロードすれば、原則として「公衆送信権」の侵害となる。

いったん適法に市場に置かれた製品については、特許権や意匠権も消尽すると考えられている。転売される度に特許権侵害や意匠権侵害になるようでは、安定した流通が確保できないし、ライセンス料（実施料）の二重取りにもなってしまうからだ。そのため、家電や家具のリサイクルショップを経営するのにあたって、中古品の特許権者や意匠権者から許諾を取る必要はない。

ふたつ目は、「知的財産権の保護期間が満了している」場合だ。「本書を読む前に」の図にもあるように、それぞれの権利によって異なるものの、知的財産権には、あらかじめ保護期間が定められている（ただし、営業表示に関する商標権は更新が可能となっており、半永久的な権利となっている）。

古い映画の著作権の保護期間が満了するのに合わせて格安ＤＶＤが売り出されたり、医薬品の特許権の保護期間が満了するのに合わせてジェネリック医薬品が出回ったりするのはそのためだ。

## 消耗品ビジネスVS.消耗品リサイクルビジネス

ひとつ目のケースに関連した話として、消尽したはずの権利が生きていることがある。家電量販店やディスカウントストアに行くと、家庭用インクジェットプリンタのインクカートリッジの互換品（正規品ではないサードパーティ品）を見かけることがあるだろう。

＊10　「映画の著作物」の著作権には、「頒布権」という流通をコントロールできる権利があり、これが消尽するケースは、市販のゲームソフトや家庭内視聴目的の家庭用ビデオソフトの中古販売などに限られるので注意が必要である。

互換品には、インクを再充塡《じゅうてん》した「リサイクル品」と、互換品メーカーによる「独自製品」が存在するが、ここでは「リサイクル品」について考えてみる。

以前、リサイクル品を販売していたリサイクル・アシストという会社がプリンタメーカーのキヤノンから訴えられ、キヤノンの特許権（特許第3278410号）を侵害しているとして敗訴したことがあった。

同社は、各国から収集したキヤノン製プリンタの使用済みカートリッジにインクを再充塡したものを中国から日本に輸入して販売していた。

事務機業界では、プリンタ本体を安く売り、インクやトナーといった消耗品に高いマージンを乗せて販売することで継続的な利益を上げる「消耗《しょうもう》品ビジネス」が基本となっている。だから、プリンタメーカー側の立場からすると、互換品を放置するとビジネスモデルの根幹が揺らいでしまう。

だが、インクを再充塡したリサイクル品は法的に問題があるのだろうか？

と言うのも、いったん適法に市場に置かれた製品を再利用していることから、特許権は消尽していて、特許権侵害とはならないと考えることもできるからである。実際に、故障した製品を修理・補修しても、一般的には特許権侵害とはならないものと考えられている。

リサイクル・アシスト社が輸入・販売していたものは、インクタンク本体に穴を開け、内部を洗浄してから新たにインクを注入して穴を塞《ふさ》いだものであった。

結局、最高裁まで争われることとなり、2007年11月、最高裁は、製品属性、発明内容、加工態様、取引実情などを総合的に判断して、「特許製品と同一性を欠く特許製品が新たに製造されたもの」と認められるとして、特許権侵害にあたるという判断を示した。これによりキヤノンの勝訴が確定した。

家電量販店のインクカートリッジコーナー（筆者撮影）

だが、今でもリサイクル品は相変わらず多数出回っている。特によく見かけるのが、エコリカの製品だ。同社はキヤノン、エプソンに次ぐ国内第3位の販売シェアを持っている。同社の「回収ボックス」を見かけることも多く、環境保護にも力を入れているようだ。

キヤノン対リサイクル・アシスト社の最高裁判決後のニュースリリースでは、「弊社の再生方法は、そもそも今回の訴訟で対象となった再生方法とは異なるため、特許侵害には当たらないと考えております」と説明されていた。具体的に再生方法がどのように異なるのか同社に問い合わせたところ、同社が開発した「独自の治具」がノウハウが集まったものであるとの理由から詳細は教えてもらえなかった。

考えられるのは、再生時に設計変更を施してプリンタメーカーの特許を回避しているか、もしくは、修理・補修の範囲内と主張できるだけの必要最低限の加工に留めているか、のどちらかだろう（なお、この裁判以外にも、互換品をめぐる訴訟は色々と起こされている）。

インクカートリッジ以外の製品だと、かつて一世を風靡《ふうび》した「使い捨てカメラ」（レンズ付きフィルム）のリサイクル品が特許権侵害にあたるのかといった裁判があった。富士フイルムの人気商品「写ルンです」のことは覚えている方も多いだろう。

富士フイルムは、廃棄された「写ルンです」にフィルムを詰め直して販売していた業者が自社の特許権（特許第1875901号）を侵害しているとして、東京地裁に訴え出た。訴えられた業者側は「特許権は消尽しており、特許権侵害にはあたらない」と主張した。

2000年8月、東京地裁は、使用済みの「写ルンです」は、「現像所において撮影済みのフィルムが取り出された時点で、社会通念上、その効用を終えたものというべき」だから、リサイクル業者の行為は「新たな生産」にあたり、特許権侵害になると判断した。

インクカートリッジにせよ、使い捨てカメラにせよ、リサイクル品を作ること自体は、環境保護にも寄与するものだから、社会的には良い面もある。だが、修理・補修の範囲を超えて部材の加工・交換が行われると、特許製品そのものが生き返り、特許権者が本来売ることのできた製品まで売れなくなってしまう。結局、リサイクル品の消尽をめぐる問題についても、発明の保護と利用のバランスをどう取るべきか、といった話に帰結する。

なお、特許権侵害ではない場合であっても、リサイクル品などの互換品を正規品と偽って販売すると、「商標権侵害」にあたる可能性があることには注意が必要だ。

## 保護期間を延ばす方法

用い尽くされた（消尽した）はずの権利が生きていることがあるのと同様、保護期間が満了したはずの権利が生きていることもある。

と言うのも、まず、保護期間を延ばす方法があるからだ。例えば、特許権の保護期間は原則として出願日から20年だが、医薬品などの場合、臨床試験などが長引いた影響で特許を使うことができない期間が発生すると、最長で5年間保護期間を延ばすことができる。

また、団体名義の著作物の保護期間は、原則として公表後50年として計算されるが、著作者である個人が何らかの事情により団体名義で公表した場合は、公表後50年までに改めて本人名義で公表すれば、原則である著作者の死後50年の保護期間に切り替わる。名義を変更するだけで実質的な延命を図ることができるということだ。

このようなこともあるから、保護期間が満了していると素人考えで判断すると、うっかり他人の知的財産権を侵害することになりかねない。

だが、これだけ制度が複雑だと、「権利切れ」になっているのかどうか、じつは当事者でもよくわからないこともある。特に、「映画の著作権」の保護期間についてはたくさんの例外があることから、「正規DVD業者」と「格安DVD業者」との間で、「保護期間が満了しているかどうか」をめぐって何回か裁判になっている。

念のため断っておくと、前述した「属地主義」により、各国の著作権制度はそれぞれ独立しているから、日本で著作権の保護期間が満了して「パブリックドメイン」になっていても、他国でもそうなっているとは限らない。

例えば、米国では著作権の保護期間の延長が繰り返されており、原則として、著作者の「死後70年」、団体名義の著作物の場合は「公表後95年」となっている。ミッキーマウスが初登場した1928年公開の『蒸気船ウィリー』の著作権の保護期間が満了しそうになる度に延長を繰り返していることから、「ミッキーマウス保護法」と揶揄《やゆ》されることもある。

ちなみに、２０１８年6月現在、日本においても、原則として著作者の「死後50年」（団体名義の著作物の場合は公表後50年）となっているものを、著作者の「死後70年」（団体名義の著作物の場合は公表後70年）に延ばす方向で法改正の動きが進んでいる。

## 24時00分と0時00分は別の日か

わが国では、２００４年1月1日施行の改正法で、映画の著作物のみについて、その保護期間が「公表後50年」から「公表後70年」に延びた。そこで、保護期間の計算方法をめぐって、大きな問題が起こってしまう。

著作権の保護期間は、計算方法を簡便にすべく、著作者の死亡した（団体名義の著作物の場合は、公表された）翌年の1月1日から起算される。そのため、１９５３年公開の『ローマの休日』や『シェーン』の保護期間が、公表後50年にあたる２００３年12月31日で満了したと考えた業者が格安DVDを売り始めたところ、映画の権利を持つ米パラマウント社がそれに「待った」をかけたのである。

オードリー・ヘプバーン主演の映画『ローマの休日』（パラマウントジャパン）

文化庁が「『2003年12月31日午後12時（24時）』と『2004年1月1日午前0時』は同時であるから、1953年公開の映画には改正法が適用され、公表後70年の2023年12月31日まで保護期間が延びる」という見解を示したため、パラマウント社は格安DVDを著作権侵害と考えたのだ（この見解の相違を、当時、「1953年問題」と呼んだ）。

2006年5月、パラマウント社は格安DVD業者を相手取り、格安DVDの製造販売の差し止めを求める仮処分を申し立てた。同年7月、東京地裁は、「2003年12月31日午後12時（24時）」と「2004年1月1日午前0時」は「別の日」であるとして、『ローマの休日』の保護期間は2003年12月31日で満了していると判断し、パラマウント社の申し立てを却下した。文化庁の見解が司法に覆《くつがえ》されるという事態となったのである。

1953年公開の『シェーン』についても、パラマウント社及び日本国内で独占利用権を持つ東北新社が、格安DVD業者を相手取り、製造販売の差し止めと損害賠償を求める裁判を起こした。2006年10月、東京地裁は『ローマの休日』の仮処分申立の時と同様の理由で『シェーン』の保護期間も2003年12月31日で満了していると判断し、パラマウント社側の請求を棄却した。2007年3月に知財高裁、同年12月に最高裁もこの判決を支持した。「シェーン！　カムバーック！」というセリフはあまりにも有名だが、『シェーン』は帰ってこなかったのである。

こうして、「1953年公開の映画の保護期間は2003年12月31日まで」とする最高裁判決が確定した。同じオードリー・ヘプバーン主演の映画でも、1954年公開の『麗《うるわ》しのサブリナ』には改正法が適用されて著作権が2024年末まで存続することを考えると、たった1年のずれで20年も差が出るということになる。随分と不公平な気がしてしまう。

**複雑極まりない保護期間の仕組み**

では、1953年以前に公開された古い映画であれば、自由に使えるのかというと、そんなこともなかったりする。

例えば、チャーリー・チャップリンが1952年に監督・出演した『ライムライト』は、2018年6月現在、まだ保護期間が続いている。チャップリンは、冷戦時代に「レッドパージ」(赤狩り)によってハリウッドを追放されてスイスに移住したが、『ライムライト』はその直前の作品である。

じつは、1970年12月31日以前に創作されて公表さ

チャップリン監督・主演の映画『ライムライト』(パイオニアLDC)

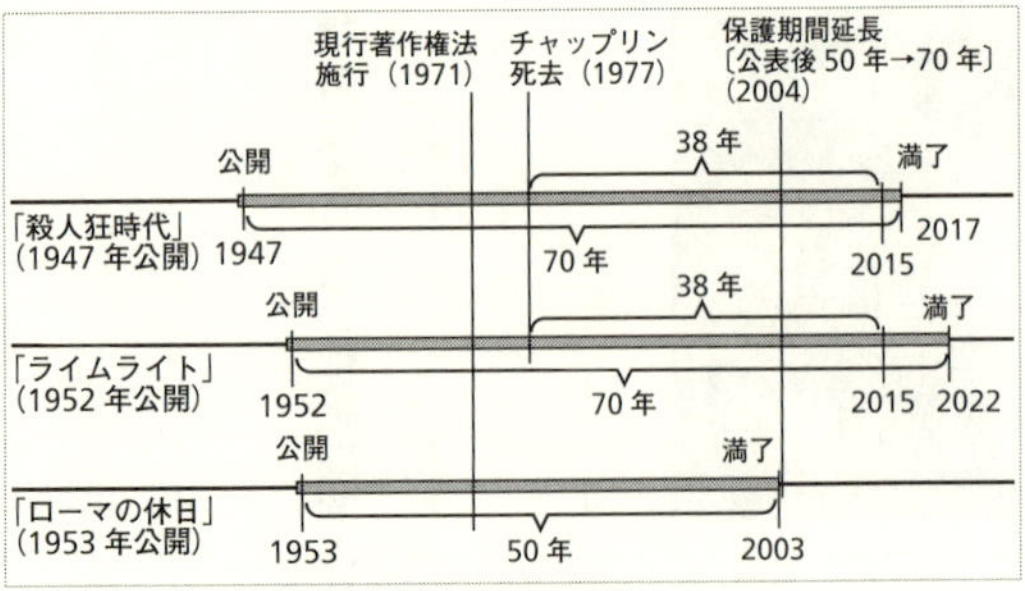

チャップリン映画等の著作権の保護期間

れていた作品については、現行の著作権法（１９７１年1月1日施行）と、今からおよそ１２０年前の法律である旧著作権法（１８９９年7月15日施行）のそれぞれによる保護期間を比較し、旧著作権法による保護期間のほうが長ければ、そちらが保護期間として適用されることになっている。

リヒテンシュタイン公国（スイスとオーストリアの間に挟まれた小国で、タックス・ヘイヴンとしても知られる）にあるチャップリンの権利管理会社が格安ＤＶＤ業者を訴えた裁判では、チャップリンの映画が「個人著作」であると判断され、映画の著作物の保護期間を「著作者の死後38年」として計算する旧著作権法の規定が適用されることになった。

これにより、『モダン・タイムス』（１９３６年公開）や『独裁者』（１９４０年公開）などについては、チャップリンが死亡した１９７７年から38年後の２０１５年まで保護されることになった。[*11] さらに、図に示したように、『殺人狂時代』と『ライムライト』については、改正法の「公表後70年」

で計算したほうが保護期間が長くなることから（2004年1月1日時点で権利が生きているため公表後70年が適用される）、少なくとも『殺人狂時代』は2017年、『ライムライト』は2022年まで保護されるという判断が、最高裁判決として確定している。[*12]

1953年公開の『ローマの休日』の著作権が2003年末で消滅したのに対して、1952年公開の『ライムライト』が2022年末まで保護されるというのは、奇妙奇天烈な感じがするが、旧著作権法の亡霊が、こういった悪さをすることもあるということだ。

ちなみに、黒澤明監督の映画12作品についても、旧著作権法が適用され、少なくとも2036年末まで保護されるという最高裁判決が確定している。

映画の著作物に限らず、日本の著作権制度には、旧著作権法の他にも、「戦時加算[*13]」をはじめとする例外が色々ある。そのため、著作権の保護期間が満了しているかどうかを断

*11　この他、『サニーサイド』（1919年公開）、『偽牧師』（1923年公開）、『巴里の女性』（1923年公開）、『黄金狂時代』（1925年公開）、『街の灯』（1931年公開）が該当。

*12　主張立証がないとの理由から「戦時加算」については判断がなされていない。

*13　太平洋戦争の前後、旧連合国側の著作物が日本国内でじゅうぶん保護されていなかったとの理由から、第二次世界大戦の時の旧連合国側の著作物については「戦時加算」が追加され、その分、保護期間が長くなる。米英仏などの場合は最長で10年5ヶ月となる。

言することも容易ではない。「死んだはずの権利」が生きている場合もあるということだ。

## なぜ権利切れの知財にお金が払われるのか

ところで、権利が消滅しているはずなのに、いまだ知的財産権が存在しているかのような商取引が行われることもある。じつは、こういったケースのほうが、はるかに厄介だ。

例えば、著作権の保護期間が満了した名画の利用にあたって、その名画を所蔵する美術館などに対してお金を支払うことが、実務としてよく行われている。

それを聞いて、「名画の所有権を持っているのは美術館なんだから、それは当然なのではないか?」と思われる方もいるかもしれない。だが、先ほども触れたように、所有権と著作権とは、別の権利である。

あなたが「著作権の保護期間の満了した名画」を所有しているとしても、第三者が合法的にその画像を入手して本に載せた場合、それを止める術《すべ》はない。あなたの所有権は、その名画の「有体物」としての側面には及ぶが、その「無体物(情報)」としての側面には及ばないからである。

これについては、先ほど紹介した『著作権判例百選』の最初に取り上げられている「顔《がん》真卿自書建中告身帖《しんけいじしょけんちゅうこくしんちょう》事件」という有名な事件がある。

中国唐代の有名な書家である「顔真卿」の作品のひとつに、72歳の時に書いた「自書告身帖」がある。顔真卿は785年に亡くなっているから、日本の現行の著作権法で考えると、その50年後の835年（今から約1200年前）にその保護期間は満了している。

　書芸文化新社は、この告身帖の前の所有者の許可を得て撮影された写真乾板（今で言う「ネガ」）を譲り受け、その写真を掲載した書籍を出版した。ところが、告身帖を所蔵する東京・台東区の書道博物館が無断で告身帖を複製・販売されて「所有権」を侵害されたとして、出版社側に対して出版物の販売差し止めなどを求めたのである。

　1984年1月、最高裁は、著作権の消滅後に、第三者がその「著作物（無体物）の面」を利用しても所有権侵害とはならないと結論づけ、博物館側の訴えを棄却した。

　こういった判決が出ているにもかかわらず、パブリックドメイン作品の利用についてお金の支払いが行われることがある。具体例として、例えば、美術書があげられる。その表紙にある程度大きく絵画を掲載するなど、印刷物として綺麗な書籍を作るためには、所蔵美術館から直接、あるいはデータ販売元（フォトエージェンシー）などを介して印刷に耐えうる高解像度の画像データの提供を受ける必要がある。これは、有体物である所蔵品の画像データの有償での「貸し出し」といった名目で行われている。所蔵品の所有により可能になるという意味合いから、「所有権」に基づいた商取引と言える。

実際に、先ほどの顔真卿自書告身帖の画像データも有償で取引されている。告身帖は今でも書道博物館に所蔵されており（当時は財団法人であったが、現在は台東区が事業主体）、原寸複製物が1万円で販売されている。また、同博物館の「収蔵品画像貸出及び掲載等許可要綱」によると、収蔵資料については、写真フィルムまたは画像データ1点につき、貸出料が5000円、画像1点につき、掲載料が5000円となっていた。

許可要綱をよく見ると、「書道博物館で作製発行した印刷物からの画像の転載」も許可対象になるという。仮にその印刷物がすでに市場で広く出回っているものであれば、すでに所有権を超えた話となるから、その法的根拠は怪しくなってくる。だが、書道博物館に電話したところ、貸し出しを伴わない画像であっても、掲載料は支払っていただくことになっているとのことであった。[*14]

## 「知財もどき」とどう付き合うか

現実問題として、パブリックドメイン作品の「無体物（情報）」としての側面を利用するだけであっても、その所有者の許可を取ることは珍しくない。自らの所蔵品の無断利用を断固として阻止《そし》しようとするところも少なくないからだ。

例えば、江戸時代から明治時代にかけて制作された錦絵《にしきえ》（浮世絵版画）などのパブリックドメイン作品を約1万点所蔵する人物は、所蔵品を無断で書籍などに載せた出版社に対して、何回か裁判を起こしている。

この人物は、「本書を読む前に」でも説明した「パブリシティ権」（有名人が自己の氏名や肖像を商業的に利用することができる権利）が錦絵にもある主張したことがある。

2004年9月、大阪地裁は、「著作権法が著作物の保護期間を定めた意義は全く没却されることになる」などとして、錦絵についてのパブリシティ権の存在を否定した。また、これとは別に、競走馬の名前をめぐる裁判でも、2004年2月に最高裁が「物のパブリシティ権」を明確に否定しており、いくら著名であっても、物（動物を含む）にはパブリ

*14　仮にこれが著作権の保護期間内のものであるとしても、公表された著作物であるため、「引用」して利用するのであれば、著作権が制限されることから著作権侵害とはならない（引用部分とそれ以外の部分の「主従関係」が明確であること、カギ括弧などにより「引用部分」が明確になっていること、引用を行う「必然性」があること、などの要件を満たす必要がある）。

シティ権は存在しないものと考えられている。

また、錦絵の所有者は、商慣習又は商慣習法違反であって「不法行為」にあたると主張したこともある。「不法行為」とは、「故意または過失のある違法な行為によって他人の権利・利益などを侵害し、その他人に損害を与えること」である。民法の規定により、加害者は被害者に対してその損害を賠償する責任を負う。商慣習又は商慣習法違反であるという主張が出てきたのは、実際にお金を支払っているところが存在するからだ。

2015年9月、大阪地裁は、「著作権法が明確に保護範囲外としている利益を保護しようとする慣習は、著作権制度の趣旨、目的に明らかに反する」などと指摘して、商慣習又は商慣習法違反であるという主張も否定した。

パブリックドメイン作品の無断転載については、主張する側も法的根拠が怪しいことがわかっているのか、実際に裁判にまでなった例は少ないが、このように「どんな形の利用でも許さない」というところもある。訴訟による負担も無視できないことから、紛争回避のためにお金を支払っているケースも少なくないものと思われる。

また、公園にある銅像など屋外に一定の状態で置かれている「美術の著作物」や、「建築の著作物」を撮影してその画像を利用することも、原則として著作権が制限され、自由にできることになっている（前述したように、「物のパブリシティ権」も最高裁で否定されている）。だが、それにもかかわらず、有名な建造物については「肖像使用料」などの名目でお金が支払われることも少なくない。

さらに、寺社などの歴史的建造物に至っては、著作権が制限される以前の話として、そもそも著作権の保護期間が遥か昔に満了しているが、その写真の利用にあたって「お布施《ふせ》（志納金《しのうきん》）」などの名目でお金が支払われることが多い。

敷地内で撮影をするのであれば、施設管理権が及ぶことから先方の指示に従う必要があるという理屈も成り立つが、敷地外からであれば、その理屈も成り立たない。

知的財産法において「権利切れ」や「権利が及ばない」ことがはっきり書かれているのに、あたかも何らかの知的財産権が存在し、かつ、それが及んでいるかのような「知財もどき」を対象にした商取引が行われていることは、好ましいことではないと考える。

先ほど見たように、他人の知的財産権が及ばない「権利切れ」の状態になっているかどうかについて、容易に判断できないケースも少なくない。そうした判断の難しさが「なんかやばそう」という感情を生み、「知財もどき」を対象にした商取引が行われる一因となっているようにも思われる。正しい判断をするためにも、「知財リテラシー」を高めることの重要性を痛感させられる。

## 第3章のまとめ

●著作物を創作することで、著作者は「著作権（財産権）」と「著作者人格権」を持つ（著作者人格権は他人に譲渡できないため、著作物の制作を外注する際には注意を要する）。一方、発明を完成することで、発明者は原則として「特許を受ける権利」を持つ。

●共同著作・共同発明に該当する時は、原則として、各人が権利を共有する。職務著作に該当する時は、著作者はその法人等となる。一方、職務発明に該当する時は、発明者はその従業者等である（ただし、特許を受ける権利の法人等への帰属・譲渡は可能）。

●ブランド価値を高めるために、商標権を中心に他の知的財産権を含めた戦略を早い段階から立てることが有効である。

●知的財産権にはそれぞれ存続期間（保護期間）が存在する（ただし、商標権については更新が可能）。存続期間内であっても、その権利が消尽して権利が及ばなくなることもある。知的財産権であるかのように取り扱われている「知財もどき」にも留意する。

# 第4章 知的財産制度の「抜け道」を考える

## 1　その越境の「抜け道」は許されるか？

### 北朝鮮は「ならずもの国家」ではなかった

この章で扱うのは、知的財産制度にある「抜け道」の存在に起因する揉めごとである。これまでも「属地主義」について何度か触れてきた。国によって知的財産権が及ばなくなることがあり、それは一つの「抜け道」と言える。さらに、各国の税制の違いを利用すると、知的財産権を活用した税金逃れの「抜け道」ができる。また、知的財産権で保護することが難しい経済的に価値のあるデータや情報を無断で使う行為も、ある種の「抜け道」と言えるだろう。

いずれも法的には問題がないように見えるが、果たして本当にそうなのだろうか。ここでは、それらの「抜け道」を使うことの是非や、そこに待ち構える予期せぬ落とし穴、さらには、現在の知的財産制度の抱える限界と課題についても考えてみたい。

1999年4月末、筆者は朝鮮民主主義人民共和国（北朝鮮）の平壌《ピョンヤン》国際空港に降り立った。当時会社員をしていた筆者は、ゴールデンウイークの休暇を利用した1週間の北朝鮮旅行のため、現地を訪れたのである。平壌市内の他、韓国との軍事境界線にある板門店《パンムンジョム》や、滝や渓流が美しい妙高山《ミョヒャンサン》などの名所を訪れるツアーとなっていた。

前年に北朝鮮から弾道ミサイル「テポドン2号」が打ち上げられ、本州上空を通過して太平洋上に落ちたことから、日本政府は北朝鮮に対する制裁の一環として同国を結ぶチャーター便の発着を禁止していた。そのため筆者は、新潟空港からロシアのウラジオストクまで飛行機で向かい、そこで飛行機を乗り換えて平壌に入ったのである。

出迎えた現地の観光ガイドとともにバスに乗り込み、宿泊先となっていた平壌市内の高級ホテルのひとつである高麗《コリョ》ホテルに到着した。部屋にはベッドの他、テレビや冷蔵庫などが置かれており、日本にある高級ホテルと何ら変わらなかった。だが、テレビをつけると、制服を着た朝鮮人民軍の兵士が何列にも並んで「金正日《キムジョンイル》同志を讃《たた》える歌」を歌っている番組を放送していた。やはり普通の国ではない（毎日テレビを見ていたが、金正日による現地視察、金日成《キムイルソン》の伝記、国の発展を紹介する記録映像といった偏《かたよ》ったものばかりで、社会的な出来事は何も知ることができなかった）。

テレビにはハングルで「チンダルレ」（つつじ）、冷蔵庫には同じく「大同江《テドンガン》」というブランド名が書かれていた。「北朝鮮でもテレビや冷蔵庫を作っているのか！」と驚いたも

高麗ホテルの客室に置かれていたテレビ。放送されているのは金日成《キムイルソン》の伝記（著者撮影）

のの、裏面や内部を覗くと日本メーカーの製品であることを推認できる文字や記号がある。まさか、そんなことはないとは思うが、もしかすると、もともとあった商標を削り取り、国産品に見せかけるため新たに商標を付け加えたのかもしれない。商標法に「商標を剝奪《はくだつ》抹消する行為が商標権侵害に当たるか」という論点があることを思い出した。[*1]

こう言うと、「北朝鮮はルール無視の国なんだから、知的財産なんて関係ないのでは？」と思われる方もいるかもしれない。だが、全然そのようなことはなく、北朝鮮にも知的財産制度はちゃんとある。

繰り返しになるが、知的財産権には「属地主義」が採用される。だから日本の著作権法、特許法、商標法などが適用される領域は原則として日本国内のみであり、同様に、北朝鮮の著作権法、特許法、商標法などが適用される領域も原則として北朝鮮国内のみとなる。

だが、各国で知的財産権の保護について足並みが揃っていないと、国際間での商品取引や情報流通が当たり前となった現代では、弊害《へいがい》が大きすぎる。そのため、知的財産権を国際的に保護するための条約が存在し、広く活用されている。

「ならずもの国家」と呼ばれて久しい北朝鮮だが、知的財産権の国際的保護に関する多くの条約に加盟している。例えば、1980年にはすでに「工業所有権の保護に関するパリ条約」や「特許協力条約」（PCT）に加盟しているし、1996年には商標の国際登録に関する「マドリッド協定議定書」に、また、2003年には著作権の国際的保護条約である「ベルヌ条約」にも加盟している。

### むしろ不公平な日本の対応

ところが、日本は北朝鮮を正式な国家として認めておらず、両国の間には国交がない。そのため、実態として、北朝鮮国民の知的財産権は日本では保護されていない。

2003年1月、北朝鮮はベルヌ条約の加入書を世界知的所有権機関（WIPO）[*2]に提

＊1　商標を剝奪抹消する行為は、文言上は商標権侵害には該当しないが、商標権者の利益を害することから、商標権侵害の成立を肯定する説と否定する説の双方がある。
＊2　知的財産権に関する国際連合の専門機関で、本部はスイスのジュネーブにある。2015年2月1日現在、加盟国数は188カ国。

出した。そして、同年4月にベルヌ条約が北朝鮮について効力を生じるわずか6日前、日本の文化庁は次のような見解を示したのである。

北朝鮮がベルヌ条約を締結したとしても、我が国は北朝鮮を国家として承認していないことから、条約上の権利義務関係は生じず、我が国において法的な効果は一切生じない。したがって、我が国は、北朝鮮の著作物についてベルヌ条約に基づき保護すべき義務を負うものではなく、北朝鮮がベルヌ条約を締結することによる我が国への影響はない。

じつは、日本のテレビ局各社は、ニュース番組などで北朝鮮の映画を取り上げる際、北朝鮮文化省傘下の「朝鮮映画輸出入社」から日本での著作権管理を委任された「カナリオ企画」に使用料を支払っていた。だが、この見解が示されたことから、フジテレビは2003年5月、同社に対して「著作権案件の管轄官庁である文化庁の見解を尊重することとし、……北朝鮮著作物の取り扱いが変更になり、日本と北朝鮮間で相互に著作権の保護関係が発生するまでは、当該映画を、弊方の必要に応じて、なんらの制限も留保条件もなく使用することが可能であることになります」との見解を示した。

そして、日本テレビは同年6月に「ニュースプラス1」で、フジテレビは同年12月に「スーパーニュース」で、それぞれ事前の許諾を得ずに北朝鮮映画の映像の一部を放送した。

これに反発した朝鮮映画輸出入社とカナリオ企画は、両社に著作権を侵害されたとして映画の放映差し止めと損害賠償を求め、東京地裁に提訴したのである。

ここで、東京地裁は外務省と文部科学省に問い合わせた。外務省は「北朝鮮の『国民』の著作物について、ベルヌ条約の同盟国の国民の著作物として保護する義務をベルヌ条約により負うとは考えていない」と回答し、文部科学省は「北朝鮮の『国民』の著作物については、……著作権法における『条約によりわが国が保護の義務を負う著作物』ではない」と回答した。

これに対して、北朝鮮文化省は、これらの公式見解を根拠がないものと批判しつつ、次のようなことを述べている。


我が国は、「ベルヌ条約」の同盟国である日本国の著作権について「ベルヌ条約」に従って保護する意思は有しているが、仮に日本国において相互遵守《じゅんしゅ》が出来ない事が確定した場合には大変遺憾に思うと同時に、我々にとって日本国の著作権を保護する義務がなくなるであろうことを憂慮している。

このような違法行為が継続されるならば、それに対応する措置をとらざるを得ないであろう。我が国は、国際法上の義務を遵守すべきことを日本国に要求する。

拉致《らち》、核、ミサイルなど各種問題でめちゃくちゃな態度を示してきた北朝鮮ではあるが、この裁判における主張は筋が通っており、これを見る限りでは、北朝鮮が「ならずもの国家」のようには思えない。まっとうなことを言っている。

むしろ日本の対応のほうが「ずるく」感じられるのは筆者だけであろうか。と言うのも、同じ「未承認国」であっても、「台湾」の著作物は日本で保護されているからだ。

この点についても、東京地裁は外務省と文部科学省に問い合わせている。外務省と文部科学省のいずれも、台湾が世界貿易機関（WTO）の加盟国（厳密には「独立関税地域」[*3]）であることから、TRIPS協定（177ページ参照）に基づき、ベルヌ条約の一定の条項を遵守する義務があると回答している。

要するに、台湾はWTO加盟国だから、その著作物は保護する必要があるが、北朝鮮は

WTO加盟国ではないため、その著作物を保護する必要はないというのである。ちなみに、北朝鮮がWTOに加盟していないのは、貿易自由化とそれに関連する国内法整備などを約束することができないという事情があるからだろう。

2007年12月、東京地裁はこういった点を総合的に判断し、北朝鮮の著作物は日本では保護されないと結論付けた。これに対して原告側は控訴。2008年12月、知財高裁は地裁判決とは一部異なる判決を出した。

まず、北朝鮮の著作物の保護については東京地裁と同様の結論を導いた。だが、「著作権のある著作物と同様の損害を認めることは相当ではない」としながらも、一方で北朝鮮の映画に「経済的な利用価値」があり、その製作にあたって「相当の資金、労力、時間を要した」などの事情を勘案し、日本国内で北朝鮮映画の利用について独占的な許諾権を付与されたカナリオ企画が享受する利益を違法に侵害したとして、フジテレビと日本テレビの「不法行為」を認めた。そして、わずかな金額ではあるが、それぞれ12万円という損害賠償を認めたのである。

＊3 「台湾、澎湖諸島、金門及び馬祖から成る独立関税地域」という名称で加盟。

## 北朝鮮との文化交流の行方は

その後、争いは最高裁までもつれ込むことになる。2011年12月、最高裁は、北朝鮮の著作物が日本では保護されないという判断を維持しつつ、知財高裁が認定した「不法行為」は認めなかった。ニュース番組で「2時間を超える長さの本件映画のうちの合計2分8秒間分を放送したもの」に過ぎず、「自由競争の範囲を逸脱」し、カナリオ企画の「営業を妨害するものであるとは到底いえない」と判断したのである。結局、原告側の完敗でこの裁判は幕を閉じた。

北朝鮮国民の権利が日本で保護されないのは、著作権に限らず、特許権も同様である。例えば、2005年11月に北朝鮮に居住する北朝鮮国民が「特許協力条約」(PCT)に基づいて北朝鮮で国際出願を行い、日本を指定していたところ、2008年6月、日本の特許庁はその出願の日本での手続きを却下した。出願人はこれを不服として裁判を起こしたが、2011年9月、東京地裁は却下処分を「適法」と判断し、2012年12月、知財高裁もこの判決を支持したのである。

北朝鮮も、国際的な知的財産権保護に関する各種条約に加盟し、その枠組みに入っているのだから、一切権利を認めないというのは、やりすぎのような気がしないでもない。個人的には、北朝鮮国民の知的財産も日本で保護する代わりに、北朝鮮にも日本国民の知的財産をちゃんと保護してもらうように働きかけるなどしたほうがいいように思う。

まっとうな交渉が可能な相手かどうかといった根本的な問題はあるかもしれない。だが、少なくとも北朝鮮映画に関する裁判において原告側は、「北朝鮮文化省は、同国において日本の著作物を保護するとの意思表明をしており、この意味からしても、我が国においてもベルヌ条約に従い北朝鮮の著作物を保護すべきである」との見解を示している。

この裁判のあと、筆者は、カナリオ企画に問い合わせた。

同社からは「**現在の政治状況が改善して北朝鮮との文化交流が正常化することを願っています**」というコメントをいただいた。テレビ番組などで北朝鮮の映像が取り上げられているのを見たら、その背景に、ここまで説明したような複雑な事情が存在していることを、ちょっとでもいいので思い出してほしい。

## 「漫画村」は抜け道ではなかった

日本で北朝鮮国民の知的財産権が保護されないということは、北朝鮮で日本国民の知的財産が保護されなくても、何一つ文句が言えないということでもある。北朝鮮で見た家電製品のことを書いたが、仮に筆者の想像どおりであったとしても、あれにも文句を言う術がないのだ。それだけではない。先の裁判において原告側は次のようなことを述べている。

北朝鮮の著作物が我が国において保護されないということになると、北朝鮮映画を我が国において無断で上映しても良いという結果を招くことになると同時に、北朝鮮において日本の映画が無断で上映されたり、インターネットを通じて直接日本国民に販売されたりするといった事態も生じ得る。

現実問題として、北朝鮮が日本の映画をコピーしたDVDを大量に作ってインターネットで売りさばいたり、アニメやコミックの海賊版サイトを立ち上げたりする可能性は否定できない。北朝鮮が知的財産権保護の「抜け道」となり得るということだ。

じつは、２０１７年にアクセスが急増して翌年４月に突如閉鎖された海賊版漫画の閲覧サイト「漫画村」の管理人と思しき人物も「漫画村は国交のない・著作権が保護されない国で運営されている」と、このような「抜け道」を使っていると言及していたことがある。

著作権侵害問題が表面化してからも「漫画村」は長らく運営が継続されていた。だが、その後、ＮＨＫの報道などで、漫画村の運営者が、契約者情報を秘匿するスウェーデンのプロバイダーを介してウクライナのサーバと契約し、そのサーバに海賊版のコンテンツを多数蓄積した上で、それらを米国のクラウドフレア社が提供するコンテンツ配信網を使って配信していることが明らかとなった。ウクライナは日本と国交があるベルヌ条約の加盟国でもあるから、「抜け道」は実際には使われていなかったのである。

ところで、もし先のような「抜け道」が本当に使われていたら、著作権侵害にはあたらず違法ではないと言えるのだろうか？　じつはそのようなことはない。日本語のサイトを構築し、そこで日本の漫画などを閲覧可能な状態にして、日本国内からアクセスを集めていれば、被害は日本国内で発生していることになる。

サーバがどこにあろうが、日本の著作権法が適用される可能性は高いと言えるだろう。今までの裁判でも、「ファイルの送受信の大部分が

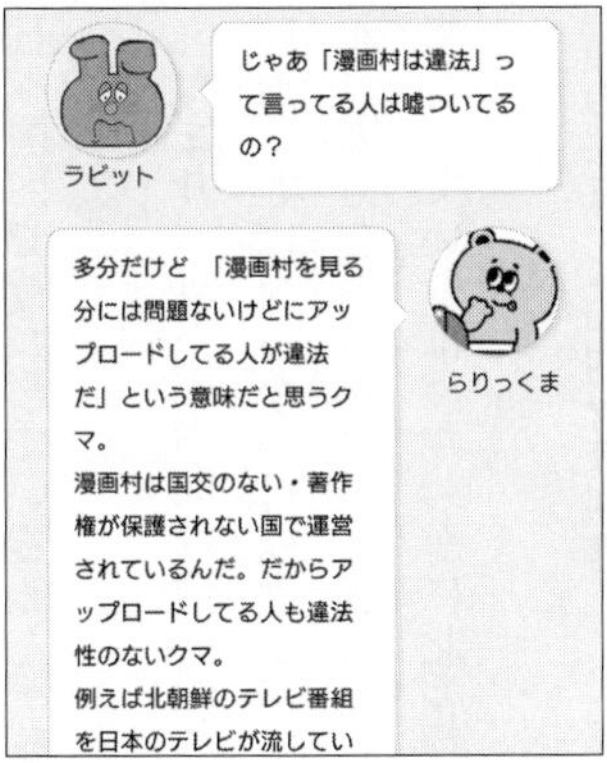

ラビット
じゃあ「漫画村は違法」って言ってる人は嘘ついてるの？
らりっくま
多分だけど 「漫画村を見る分には問題ないけどにアップロードしてる人が違法だ」という意味だと思うクマ。
漫画村は国交のない・著作権が保護されない国で運営されているんだ。だからアップロードしてる人も違法性のないクマ。
例えば北朝鮮のテレビ番組を日本のテレビが流してい

「漫画村」に違法性がないことを主張する、らりっくま

日本国内で行われていること」などの事情を勘案して、日本の著作権法の適用を認めたこともある。

つまり、日本国内向けの海賊版サービスのためにサーバを北朝鮮に置いただけでは、「抜け道」とはならない可能性が高いということだ。もっとも、日本の捜査機関が北朝鮮当局から協力を得るのは不可能に近いから、北朝鮮に居住し、すべての準備行為を北朝鮮国内で行っていれば、たしかに北朝鮮は「抜け道」と言える。

### 「知の共有」と知的財産制度

ところで、一般にはあまり知られていないが、アカデミアの世界にも「漫画村」と似たようなサービスがある。2011年にカザフスタンの大学院生アレクサンドラ・エルバキヤンが開始した「サイハブ（SCI-HUB）」と呼ばれる大量の学術論文を無料で閲覧できるオンライン検索エンジンのことだ。

学術出版社の有料サービスを回避していることから、「サイハブ」はオランダの学術出版社エルゼビア社から米国で訴訟を起こされ、2017年には1500万ドル（約16億6000万円）という多額の損害賠償金の支払いを命じられた。

前述した「漫画村」と根本的に異なるところは、学術論文が研究者によって無償で書かれたものであるにもかかわらず、研究者側は学術出版社に対して多額の利用料を支払わないと学術論文にアクセスできないという点だ。先進国では大学などの研究機関が有償で契約を結んでいることが多いが、契約に含まれない学術誌の論文は別途有償で取り寄せる必要があるし、在野の研究者や発展途上国の研究者に至っては、必要な論文を入手できないという事態にも陥《おちい》っている。

「サイハブ」のトップページ

そのような理由からアカデミック・コミュニティの一部に支持者もおり、元のドメインの閉鎖後も複数の代替ドメインが使用可能な状態となっている（ビットコインで寄付も募《つの》っている）。「確信犯」としてやっているので、「抜け道」がどうのこうのといった話ではない。

漫画やアニメの海賊版サイトのように誰から見ても「ずるい」と思われるものは、いずれは滅びゆくことになるが、「サイハブ」のように「大義名分」があり、必ずしも「ずるい」と言い切れないものは、知的財産権を侵害しながらも支援者たちに支えられて今後も生き続ける可能性がある。

研究成果は本来、社会全体に広く開かれるべきものでもある。だが、大手の学術出版社による寡占と価格高騰《こうとう》が問題視されてきた。その一方で、誰でも無料で学術論文を読めるようにしようとするオープンアクセス化への動きも進行し、「知の共有」も新たな段階へと進みつつある。「サイハブ」はそのひとつの象徴かもしれない。

## 2　その税制の「抜け道」は許されるか？

### 「タカシマヤ・シンガポール」の教訓

古くから日本の百貨店の海外店舗は存在していたが、日本の百貨店各社はアジア諸国を中心に、改めて海外展開に力を入れるようになっている。

その中でも最も成功した例と言われているのが、シンガポール中心部のオーチャード・ロード沿いにある「タカシマヤ・シンガポール」だ。髙島屋の「2018年2月期（2017年度）決算説明会」資料によると、わずか1店舗で髙島屋の百貨店事業全体の約2割もの利益を上げている。

1993年の開業から長らく赤字続きであったというが、日本で培《つちか》ったノウハウを活用して、催事の企画の他、品揃えや売り場構成の修正を繰り返すことによって改善したという。シンガポールを訪れる東南アジア諸国の富裕層にも人気があり、高島屋の鈴木弘治会長が社長時代に「アジアでは高島屋といえば日本ではなくシンガポールの店というイメージがあるくらいだ」と答えたこともある（「高島屋鈴木社長に聞く――営業益海外比率、5年で3割に。」『日経MJ』2011年4月29日）。

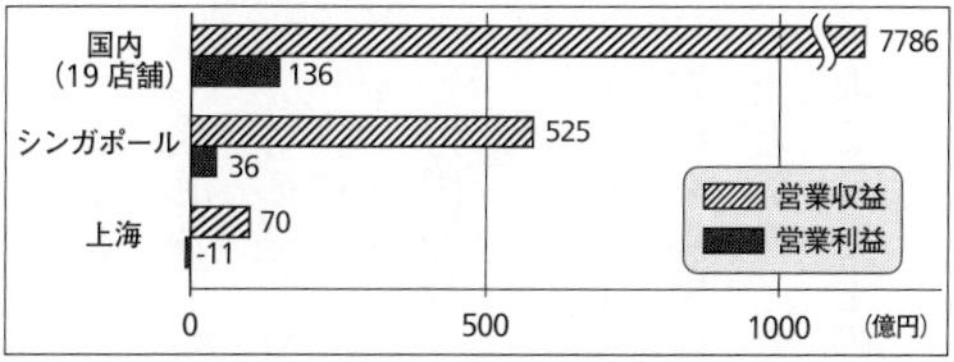

髙島屋（百貨店店舗）の営業収益と営業利益（2018年2月期）

筆者もタカシマヤ・シンガポールには個人的な思い入れがある。ペンフレンド（現在は死語）であった中国系シンガポール人の女性と待ち合わせをしたのが、開業したばかりのこの店舗であった。時の経つのは早いもので、その女性も今や3児の母である。

このように絶好調のタカシマヤ・シンガポールをめぐって、高島屋が日本の税務当局とトラブルになったことがある。

2008年4月、高島屋は次のようなニュースリリースを発表した。

当社は、昨年8月より実施された大阪国税局による移転価格税制の調査の結果、当社海外子会社であるタカシマヤ・シンガポール・リミテッド……に対する商標使用料等の過年度分が未徴収であるとの指摘を受け、本年4月上旬（予定）に修正申告を実施いたします。修正申告を行う所得金額は2億9千5百万円で、納税金額は9千4百万円となります。

前述したように、開業当初、タカシマヤ・シンガポールは赤字続きだった。そのため、日本の髙島屋は、同社の経営が安定した2007年から「商標使用料」の支払いを受けていたという。だが、税務調査に入った大阪国税局は、「商標使用料」は2001年から受け取るべきものであったとして、髙島屋が修正申告する事態となったのだ。

## 移転価格税制とは

なぜこうしたトラブルが起こるかというと、先ほどの髙島屋のニュースリリースでも言及されていた「移転価格税制」のためだ。筆者は米国在住時にこれに深く関わった経験もあるので、簡単に説明しておこう。

移転価格税制とは、わかりやすく言うと、海外関係会社・海外子会社などとの取引価格を操作して海外に所得を移転することを防止するための税制である。[*4]「取引価格を操作して海外に所得を移転する」という行為をイメージしにくいと思うので、以下、今回のような商標使用許諾（ライセンス）を例にとって、図を使って説明する（理解しやすいように通貨単位は「円」とする）。

X国とY国との間で自由貿易が行われているとしよう。X国にあるA社は、自社の商標「α」を高級ブランドにすべくブランド開発

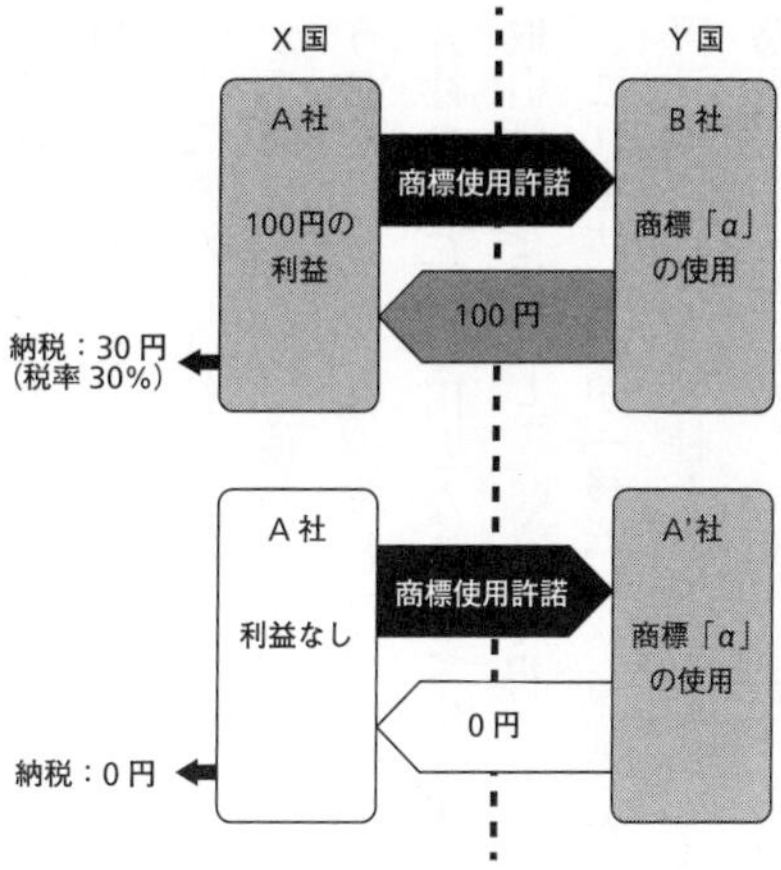

移転価格税制が適用されるケースの説明図

＊4　より正確には、「二国間にある独立した企業の間で取引される価格（独立企業間価格）とは異なる価格で、海外関連会社・海外子会社との間で取引が行われた場合に、その取引が独立企業間価格で行われたものとして課税する税制」のことである。

にお金を投じている。

そして、A社の経営陣はY国に進出することを決定し、Y国にある現地代理店であるB社に、X社の商標「α」の使用を許諾した。そして、B社からその対価として商標使用料100円を受け取り、A社では100円の利益が得られた。X国の税率が30%であれば、30円がX国の税収となる。

ところが、A社はY社に現地子会社としてA′社も設立していた。こちらには「子会社だから商標をタダで使わせてあげよう」と考えて、無償で商標「α」の使用を許諾した。そうした場合、A′社が高級ブランドとして商標「α」を使用して多額の利益を得ていても、A社の利益は0円となる。その結果、X国では課税されず、税収も0円となってしまう。取引価格を操作して、X国で得られるべき所得がY国に移転したと考えることができるのだ。

これを防ぐのが「移転価格税制」だ。わかりやすく言うと、A社とA′社との取引価格（0円）を、A社とB社との取引価格（100円）と同じであったものと仮定して、X国の税務当局がA社に対して30円課税する制度であると考えてもらえばよい。

たしかに、海外子会社が多額の利益を得ている場合、その源泉となっているのが、本社側に帰属する商標権、特許権、ノウハウといった知的財産権であれば、本社側が適切なライセンス料を受け取るべきという考え方は当然であろう。

ただ、原材料、製品、設備といった有形資産とは異なり、ライセンス料のような知的財産権にかかわるものには価格がつけにくい。そのため、会社と税務当局との間で認識にずれが生じてトラブルになることがある。髙島屋のケースでは、長年赤字続きだったタカシマヤ・シンガポールの業績が徐々に改善していったことから、どの年から商標使用料を受け取るべきかという点で、髙島屋と税務当局との間で見解の相違があったということだ。

特に2000年代後半は、移転価格税制が適用されて追徴課税される事例が数多く上ったが、必ずしも税務当局の指摘が正しいとは限らない。そのため、会社側が裁判を起こして勝訴することもある。例えば、武田薬品工業は米国の合弁会社との取引で追徴課税された約571億円を取り戻したし、本田技研工業もブラジル子会社との取引で追徴課税された約75億円を取り戻している。

また、移転価格税制が適用されることで、双方の国で課税されて「二重課税」の状態になることもある。特に、先進国と発展途上国との間の取引では、発展途上国が自国側での利益への貢献を主張するなど、国の税務当局同士で意見が対立することも多い。そのため、各国の税務当局と取引価格の算定方法について事前確認（APA：Advance Pricing Arrangement/Agreement）を取得しておくことも有用である。

## 知的財産を利用した節税スキーム

自国で得た所得を税率の低い国に移転させる国際間取引を行えば、企業が意図的に「節税」を行うことも、理論上は可能である。特に、タックス・ヘイヴンと呼ばれる税金のかからない国に所得を移せば、それをそのまま現地に蓄積しておくこともできる。

だが、各国には先ほど説明した移転価格税制に加えて、「タックス・ヘイヴン対策税制」というものもあり、あからさまにそんなことをしても、すぐに税務当局の税務調査が入って追徴課税されてしまう。

そこで、アップル社やグーグル社をはじめとした米国のグローバル企業は、低税率国とタックス・ヘイヴンとを組み合わせた巧みな節税スキームを構築し、各国の税制をすり抜けながら、膨大な金額の租税回避を行ってきた。

これについてはすでに多くの報道がなされているが、世界各国から得られる知的財産権のライセンス収入を低税率国に集中させるなどの手法により、知的財産権が大きな役割を果たしているという事実はあまりクローズアップされていない。

２０１３年に米上院が調査に乗り出したことで明らかとなったのが、「ダブルアイリッシュ・ダッチサンドイッチ」（Double Irish with a Dutch Sandwich）という節税スキームである。１９８０年代にアップル社が完成させたものと言われ、「ダブルアイリッシュ」と「ダッチサンドイッチ」の組み合わせで成り立っている。「ダブルアイリッシュ」は、２つのアイルランド法人を必要とすることに由来し、「ダッチサンドイッチ」は、２つのアイルランド法人の間にオランダ法人を挟むことに由来する。

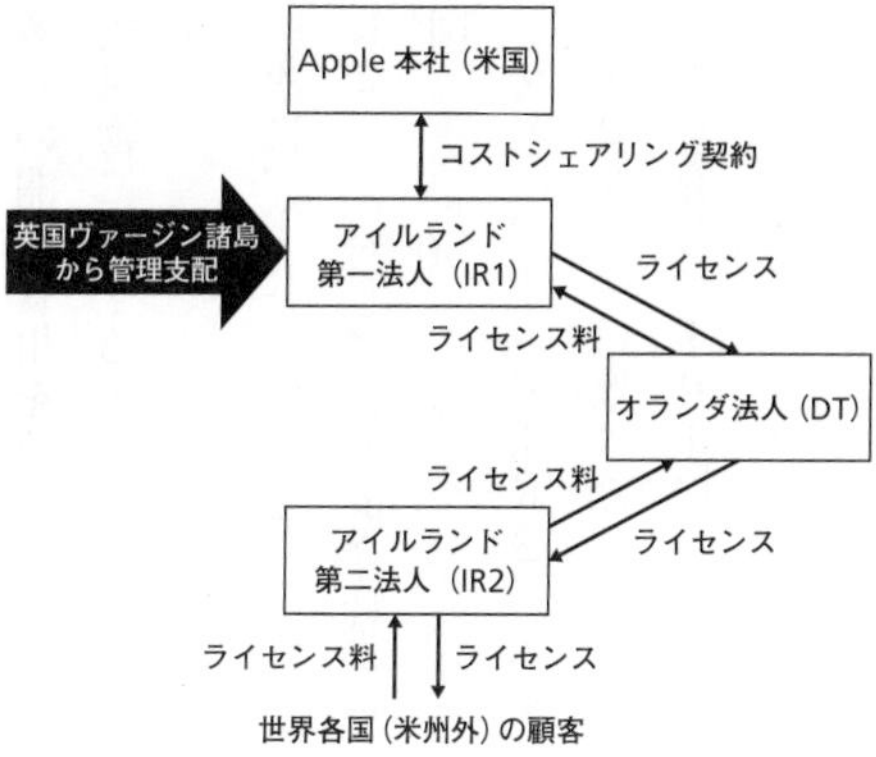


「ダブルアイリッシュ・ダッチサンドイッチ」

以下、アップル社を例にとって説明する。

同社の本社はカリフォルニア州シリコンバレーにあり、ほとんどの技術開発はここで行われている（筆者は２０００年代前半にこの近くで暮らしていた）。普通であれば、そこで発生した知的財産権は本社のものになるはずだ。

ところが、アップル社はアイルランド第一法人（以下、「ＩＲ１」）を設立し、ＩＲ１が本社よりも多くの開発費用を負担するようにした（コストシェアリング契約）。こうすることで、開発成果物に関する米州（北米及び南米）外における知的財産権をＩＲ１が所有するようにする。

次に、ＩＲ１は、オランダ法人（以下、「ＤＴ」）を介してアイルランド第二法人（以下、「ＩＲ２」）に対して知的財産権をライセンスし、ＩＲ２は、その知的財産権をさらに世界各国（米州以外）にライセンスする。すると、世界各国から支払われる知的財産権のライセンス料は、すべてＩＲ２に入る。

ＩＲ２が受け取ったライセンス料はアイルランドで課税されることになるが、ＩＲ２はＤＴを介してＩＲ１にライセンス料を支払わなければならないため、差額分のみが課税される。しかも、アイルランドの税率は12・５％と極めて低い[*5]。

さらに、ＩＲ１はその管理支配機能をタックス・ヘイヴンの英領ヴァージン諸島に置いており、アイルランドの税務上、ＩＲ１は英領ヴァージン諸島の法人とみなされるため課税はされず、ＩＲ１の獲得した巨額の収益は、すべて英領ヴァージン諸島に移転される。

ここで、なぜＩＲ１とＩＲ２の間にＤＴが入っているのかというと、単純に節税効果を高めるためである。ＩＲ２が世界各国から受け取ったライセンス料をＩＲ１に直接支払うと源泉税が徴収される。だが、ＩＲ２がＤＴを介してＩＲ１に支払いを行うと、アイルランドとオランダの間の租税条約（ライセンス料は非課税）により、ＩＲ２からＤＴへの支払い、そして、ＤＴからＩＲ１への支払い、そのどちらも源泉税が免除される。

その結果、*New York Times* の報道によると、例えば２０１１年のアップル社の節税額は24億ドル（約１９１５億円）にも上っているという。

こういったあまりにも節操のない節税策が大きな批判を浴び、２０１４年、欧州連合（ＥＵ）も調査を開始した。アイルランド政府も重い腰を上げ、２０１５年の税制改正でグローバル企業が従来の節税策を継続できないようにしたのである。[*6]

そして２０１６年８月、ＥＵはアイルランドがアップル社に違法な税優遇を与えたと結論づけ、同社に対して１３０億ユーロ（約１兆７０００億円）とその金利分の追徴課税を徴収するようアイルランド政府に命じた（アップル社とアイルランド政府は決定を不服として提

＊5　法人税率が低く設定されている国は、税収で国を富ませるのではなく、多国籍企業や富裕層を優遇して自国内の雇用を拡大するなどの副次的な効果によって国を富ませることを意図していると言われる。
＊6　２０１４年12月31日より前にアイルランドで設立された企業は、２０２０年までは経過措置として一定の課税待遇が受けられる。

訴している)。

ちなみに、グーグル社の節税スキームは、別のタックス・ヘイヴンである英領バミューダを活用する点がアップル社と異なっている。また、アマゾン社の節税スキームは、ルクセンブルクの税優遇策を活用したものだ。アマゾン社は2017年3月に米国の内国歳入庁(IRS)が求めた15億ドル超の追徴課税をめぐる訴訟では勝訴したものの、同年10月、EUはルクセンブルクがアマゾン社に違法な税優遇を与えていたと認定し、最大2・5億ユーロ(約330億円)の追徴課税の徴収をルクセンブルク政府に指示した。

## 知財で「節税」しているのはIT企業だけではない

知的財産権を使った節税は、IT関連企業だけではなく、様々な業種で活用されている。

例えば、2012年10月、米コーヒーチェーン大手スターバックスが、1998年に英国に進出して以降、累計で30億ポンド(1ポンド150円で4500億円)以上の売り上げがあったのに、英国においてほとんど法人税を納税していないことが明らかとなった。

これは、スイスの子会社経由でコーヒー豆を買うことに加えて、オランダの欧州本社に知的財産権の使用料を支払うことで、英国でほとんど利益を出さないようにしていたからである。同社にとって英国が欧州最大の市場であったこともあり批判が噴出した。その結果、同社は、2013年から英国で自主的に納税を開始し、さらには2014年10月、欧州本社をオランダから英国に移転することで事態の沈静化を図った。

また、2017年11月、英領バミューダの法律事務所アップルビーから、タックス・ヘイヴン取引に関する「パラダイス文書」[*7]が流出すると、米スポーツ用品大手のナイキ社も知的財産権を活用した節税スキームを構築していたことが明らかとなった。同社は、英領バミューダの子会社にロゴマークの米国外における商標権を移転し、欧州本社のあるオランダから商標使用料が英領バミューダに流れる仕組みを作り上げ、一時約66億ドル（約7520億円）も蓄積したという。

さらに、パラダイス文書では、アップル社が新たな節税の仕組みを作っていることまで判明した。EUの調査が開始された2014年に、アイルランド子会社の課税本拠地を、税金のかからないイギリス王室属領のジャージー島（ジャージー代官管轄区）に移動させていたのである（フランクミュラーの権利管理会社が置かれているマン島と同じく、イギリス王室の

＊7　2017年11月に国際調査報道ジャーナリスト連合（ICIJ）が公開した約1340万件の電子文書群。企業だけではなく名前の挙がった著名人も多い。

領土であって英領（英国の領土）ではない）。「いたちごっこ」はまだ続いているのだ。

グローバル企業による複数の国を組み合わせた節税策は、依然「抜け道」として機能している。だが、2010年代に入って以降、大きな国際問題となっていることから、今後、各国の協調が進むことで、節税の手段がどんどん限られていくことは間違いないだろう。

知的財産権は、本来、自分自身で使ったり、売却やライセンスによって他人に使わせたりするかたちで活用すべきものである。しかしながら、知的財産権が本来の目的から離れて「節税ツール」として積極的に活用されている現状を目の当たりにすると、知的財産権を専門とする者としては何とも複雑な気持ちになる。

## 3 その保護対象の「抜け道」は許されるか？

### 将棋の棋譜は著作物か

10代の将棋棋士・藤井聡太七段の快進撃で、空前の将棋ブームに日本中が沸いている。「第11回朝日杯将棋オープン戦」は特に注目された。2018年2月に開催された本戦準決勝では、公式戦初対戦ながらも藤井氏が羽生善治竜王を破るという快挙を果たし、さらに同日午後の本戦決勝において史上最年少で優勝した。

この「朝日杯」、朝日新聞社の主催する将棋の棋戦である。一次予選から段階を踏んで進むため、第11回朝日杯が開幕したのは決勝の8ヶ月も前の2017年6月だった。

対局における指し手順の記録を「棋譜」という。開幕日の対戦における「棋譜」をYouTuberが再現して中継していたところ（中継動画を無断配信したわけではない）、朝日新聞将棋取材班がTwitterにおいて次のようなリプライを行った。

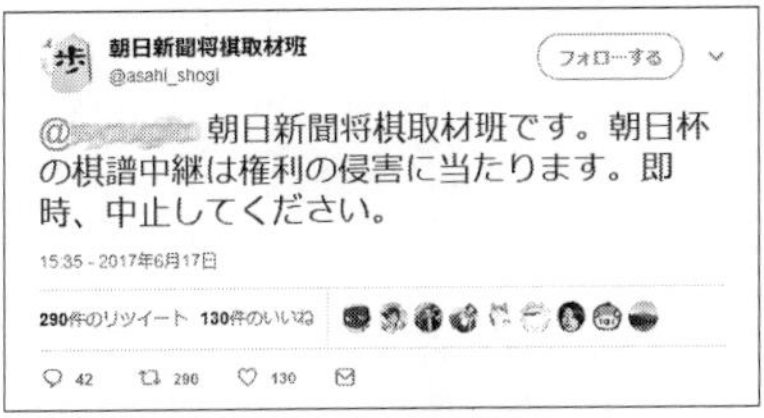

棋譜中継の中止を呼び掛ける朝日新聞将棋取材班のツイート

朝日新聞将棋取材班です。朝日杯の棋譜中継は権利の侵害に当たります。即時、中止してください。

この日の対局では、ちょうど「朝日杯将棋オープン戦中継サイト」と「日本将棋連盟モバイル」が棋譜中継を行っていた。

そのため、それとは無関係のYouTuberが同様の中継をしているのを知った将棋取材班が警告を発したのである。

警告を受けて、このYouTuberは動画を削除したが、そもそもここで言う「権利」とは、いったい何の権利を指すのであろうか？　将棋の棋譜が「著作物」であれば、著作権と考えることもできる。だが、果たして棋譜は「著作物」と言えるのだろうか？

## 「加戸説」と「渋谷説」

前述したように、著作物とは、「文芸、学術、美術、音楽などの分野で、人間の思想・感情を創作的に表現したもの」であり、著作権法では、「言語」、「音楽」、「舞踊、無言劇」、「美術」、「建築」、「地図、図形」、「映画」、「写真」、「プログラム」といった著作物が例示されている（27ページ参照）。

ここで「棋譜」について考えてみると、上記のいずれにも該当しない。もちろんこれらは「例示」に過ぎないから、ここに含まれないものであっても著作物に該当するものはある。

ここで、『著作権法逐条講義（六訂新版）』（加戸守行、著作権情報センター、２０１３年）の記載を見てみよう。

著者の加戸氏は、元愛媛県知事（第14代～第16代）で、在任中に加計学園系列の岡山理科大学獣医学部の今治市への誘致を進めたこともあり、国会に参考人として呼ばれていたのを報道で見た方もいるだろう。

かつては、文化庁の著作権課で現行の著作権法の立法に関して中心的な役割を担っていた。そのため、一般的には、『著作権法逐条講義』の内容は文化庁の公式見解を示すものと考えられている。そこには次のようなことが書かれている。

本条は、著作物の範囲を決めてしまったものではなくて、著作物とは概括的にいってどんなものであるかという例示にしかすぎません。ですから、この例示が全てをカバーしているわけではなく、例示では読めないようなものでも、著作物たり得るものがございます。一つの例としては、例えば碁や将棋の棋譜というものがあります。棋譜も私の理解では対局者の共同著作物と解されますけれども、本条第1項各号のどのジャンルにも属しておりません。

碁や将棋の棋譜が著作物であると明言している。だが、これについては異論もある。東京都立大学（現・首都大学東京）や早稲田大学で教授職を務め、知的財産法の研究者として有名な渋谷達紀氏は、その著書『知的財産法講義II 第2版 著作権法・意匠法』（渋谷達紀、有斐閣、2007年）の中で、次のようなことを言っている。

棋譜は、勝負の一局面を決まった表現方法で記録したものであるから、創作性の要件を欠き、著作物ではない。それは事実の記録であり、新聞などに掲載されているものは、事実の伝達にすぎない雑報……と見るべきものである。

かなり強い口調で棋譜の著作物性を否定している。同様に「詰め将棋」についても、「表現の仕方は決まっており、表現に思想感情が盛り込まれることはないから、詰め将棋の棋譜も、やはり著作物ではない。それは数式で書かれた計算問題……が著作物でないのと同様である」としてその棋譜の著作物性を否定している。

このように、「加戸説」と「渋谷説」の双方が存在するということも、法学者や実務家が棋譜に著作物性があるかどうかを断言しにくくしている要因であるようだ。

説を作った本人に問い合わせるのが一番であると考えた筆者は、加戸氏に直接、棋譜の著作物性に関する現在の見解を問い合わせてみた（渋谷氏にも問い合わせをしたかったのだが、

2014年にお亡くなりになっていることから断念した)。
すると、加戸氏からメールにて大変丁寧なご回答をいただいた。多忙な中、筆者からの質問に丁寧に答えていただき、感謝の気持ちでいっぱいである。

お問い合わせいただいた碁・将棋の棋譜につきましては、「著作権法逐条講義」で述べておりますように、対局者の共同著作物と解しております。立法当事者として、現在もその見解に変りありません。囲碁で言えば、十九路盤の上に白黒の碁石を交互に置くことによって、対局者双方がルールの制約内で自分の学術的思想を創作的に表現していると解すべきものであり、その棋譜は著作物の複製物に当たると考えます。将棋も同様であります。

なるほど。「学術的思想を創作的に表現している」と言われると、たしかにそうかもしれない。

## 「単なるデータ」なら勝手に使ってもよいか

これについては誰かが実際に裁判を起こさなければ白黒がつかないところもあるのだが、もし仮に、「棋譜には著作物性がない」という判断が裁判で確定したら、碁・将棋の棋譜は「単なるデータ」（事実の記録）に過ぎないから、それを勝手に使っても良いということになるのだろうか？

ここで、冒頭で紹介した朝日新聞将棋取材班のリプライに話を戻そう。

筆者が「棋譜の権利」について朝日新聞社に問い合わせたところ、同社からは次のような回答が得られた。

> 弊社と日本将棋連盟は、両者主催の棋戦の対局における棋譜について、その著作物性の解釈のいかんにかかわらず、主催者として独占的に掲載・放送・配信、その他の方法で利用できる権限を有しており、弊社はそうした主催者としての権限を、法律上保護されるべき利益に係る権利というべきものと考えております。

となると、朝日新聞社と日本将棋連盟に無断で棋譜を利用すると、両者の「法律上保護されるべき利益に係る権利」を侵害し、「不法行為」に該当する可能性があるかもしれない。

著作権の保護期間が満了した錦絵の利用については、「著作権法が明確に保護範囲外としている」などの理由から不法行為が認められなかったが、棋譜については、仮にそれが著作物ではないとしても、「著作権法が明確に保護範囲外としている」わけでもないから、議論の余地があるだろう。

また、先ほど紹介した北朝鮮映画の無断放映に関する裁判では、最終的には最高裁で否定されたものの、知財高裁は、北朝鮮の映画に「経済的な利用価値」があり、その製作にあたって「相当の資金、労力、時間を要した」などの事情があることから、テレビ局側の不法行為を認定している。

### 「ヨミウリ・オンライン事件」

実際に、今までの裁判においても、知的財産権の侵害が否定された場合でも不法行為が認められたことはある。一例として、「ヨミウリ・オンライン事件」を紹介しよう。

読売新聞社のウェブサイト「ヨミウリ・オンライン」の記事の見出しを、各記事ページへのリンクと合わせて登録ユーザーに無断配信していた業者に対して、同社が著作権侵害などを主張して裁判を起こした。具体的には、「マナー知らず大学教授、マナー本海賊版作り販売」「A・Bさん、赤倉温泉でアツアツの足湯体験」（A・Bさんは夫婦）などの見出しである。

2005年10月、知財高裁は、記事の見出しの著作物性は否定した。だが、見出しが同社の「多大な労力、費用をかけた報道機関としての一連の活動が結実したもの」であり、営利目的で反復継続して「情報の鮮度」が高い時期に無断配信したことが、同社の「法的保護に値する利益」を違法に侵害する「不法行為」であると認定した。

先ほどの棋譜の話に戻ると、朝日新聞社と日本将棋連盟も、朝日杯の開催にあたって、相当の費用と手間をかけて、「独占的に掲載・放送・配信、その他の方法で利用できる権限」を有しているのは確かであろう。それを考えると、無断で棋譜を利用する行為は不法行為にあたる可能性があるかもしれない。特に、棋譜中継は極めて「情報の鮮度」が高い段階の行為と言えるからだ。

もし不法行為にあたるとすれば、許諾を取って棋譜を利用するのが無難ということになる。だが、その場合の対価はどの程度となるのか？

気になって調べたところ、『週刊ポスト』（小学館）が朝日新聞社に対して問い合わせたことがわかった。同誌が「棋譜を誌面上で使用するためにはどうすれば良いのか」と質問したところ、同社は「1か月以内に行なわれた棋譜を誌面に掲載される場合には、対局者にかかわらず一律10万円を頂戴しています」と回答してきたという（「藤井聡太フィーバーで判明した「棋譜使用料」は10万円！」『週刊ポスト』2018年3月2日号）。

同社に棋譜を「独占的に掲載・放送・配信、その他の方法で利用できる権限」があることを認め、無断で棋譜を利用すると不法行為にあたる可能性があることも否定しないとしよう。だが、それを前提に考えても、ちょっと高過ぎはしないだろうか？ と言うのも、先ほど紹介した「ヨミウリ・オンライン事件」にしても、認められた損害額は、侵害期間において1ヶ月あたり1万円という微々たるものであったからである。*8

筆者は、『週刊ポスト』に対する回答の根拠についても同社に尋ねたのだが、「**その他のご質問については、弊社の営業活動についてのご質問ですので、詳細について回答を差し控えさせていただきます**」とのことで、わからずじまいだった。報道機関としてきちんと回答してもらいたかったところである。

*8 侵害期間が23ヶ月24日間とされたため、1ヶ月につき1万円で、計23万7741円の損害賠償額となった。

## 「価値あるデータ」と知的財産制度

じつは、棋譜の問題や、「ヨミウリ・オンライン事件」が私たちに突きつけているのは、「価値あるデータ」をどう守るかという問題でもある。

実在する自動車約12万車両の自動車整備用データベースをライバル企業が勝手にコピーして販売していたことをめぐる事件がある。相当多数の車両データだけではなく、ダミーデータや誤入力まで一致していたことから、コピーされていた事実が発覚した。

原告企業はデータベースの作成・販売にあたり、その開発に5億円以上、維持管理に年間4000万円もの費用をかけていた。

データベースについては、「その情報の選択や体系的な構成によって創作性を有するもの」は「データベースの著作物」（27ページ参照）として著作権で保護される。データベースに著作物性が認められたものとして、職業別電話帳「NTTタウンページ」のデータベースなどがある。[*9]

東京地裁は、原告企業のデータベースについて、「その情報の選択や体系的な構成によって創作性を有するもの」とは認めず、著作物性は否定した。だが、ライバル企業の行為については、「取引における公正かつ自由な競争として許される範囲を甚《はなは》だしく逸脱し、法的保護に値する原告の営業活動を侵害するものとして不法行為を構成する」として、約5613万円の損害賠償を認めたのである。

この判決は裏を返せば、「価値あるデータ」が集積されたものであっても、「創作性のないデータベース」である限りにおいては、著作権法では保護されないということだ。[*10]

また、データベースとしてではなく、「価値あるデータ」そのものに注目した場合はどうであろうか？ それが写真や音楽といった「著作物性のあるデータ」でなければ著作権法では保護されないし、プログラムに準ずる「技術的創作性のあるデータ構造」でなければ特許法では保護されない。また、秘密管理性、有用性、非公知性の3要件をすべて満たしたデータでなければ、「営業秘密」として不正競争防止法で保護されることもない。

先ほどの自動車データベースの事例では、不法行為に基づく損害賠償は認められたが、

*9　2000年3月に東京地裁は、「タウンページデータベースの職業分類体系は、検索の利便性の観点から、個々の職業を分類し、これらを階層的に積み重ねることによって、全職業を網羅するように構成されたものであり、原告独自の工夫が施されたものであって、これに類するものが存するとは認められないから、そのような職業分類体系によって電話番号情報を職業別に分類したタウンページデータベースは、全体として、体系的な構成によって創作性を有するデータベースの著作物である」と判断している。

*10　欧州では、「創作性のないデータベース」でも権利として保護する規定がある。

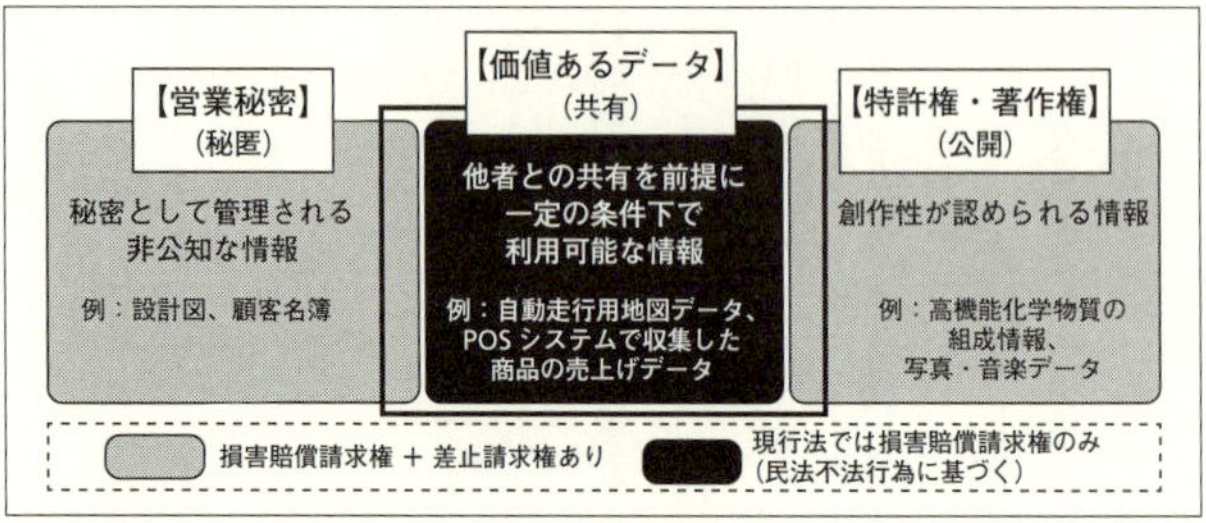


価値あるデータの流通環境整備に向けた対応の考え方（出典：経済産業省「不正競争防止法等の一部を改正する法律案〔不正競争防止法、工業標準化法、特許法等〕の概要」）

上記のいずれの知的財産法によっても保護されない状態では、いきなり相手の行為を差し止めるというのも困難だ。今後、IoT、ビッグデータ、AI、を活用した新たなビジネスが増えるであろうことを考えると、こうした「価値あるデータ」の法的保護は急務であると言えよう。

現行の知的財産制度では十分守れない「価値あるデータ」を保護すべく、国も法改正などで対応する準備を進めている。最近の動きとしては、2018年5月、不正競争防止法などの改正案が国会で可決されて成立した。

具体的には、他者と共有することが前提となる秘密管理性・非公知性といった「営業秘密」の要件を満たさない「ビッグデータ」を「限定提供データ」[*11]として保護する内容などが含まれている。

また、「価値あるデータ」の中には、個人情報（パーソナルデータ）が含まれることもある。この場合、データの所有者は誰になるのか、また、匿名化処理などによりデータが適切に保護・管理されるのか、といった問題も考える必要がある。個人データ利活用のための仕組みの整備も進んでいるが、これが停滞するとイノベーションの足かせにもなりかねない。

新しい様々な技術やサービスに対応するための法整備や体制整備が、今後も着実に進んでいくことを期待したい。

＊11 「限定提供データ」の定義の中に、「相当量蓄積され、及び管理されている」という言葉がある。実際に裁判となった場合、この「相当量」というのがどの程度であるのかについて揉めるような気がする。

**第4章のまとめ**

●各国で知的財産制度は独立している（「属地主義」という）が、外国を拠点とした知的財産権の侵害行為が、その態様によっては我が国で違法になることがある。

●現行の知的財産制度によって保護されないデータや情報であっても、民法上の「不法行為」に該当し、損害賠償を求められることがある。また、現行制度の保護対象ではなくても、将来的に保護されるようになる可能性があることにも留意する。

# おわりに

本書は、今までの知的財産権の解説書にはなかった特殊な構成をしています。一般的な解説書では、権利別に説明がなされています。かくいう私が1年6ヶ月前に上梓した『楽しく学べる「知財」入門』（講談社現代新書、２０１７年）も、著作権、商標権、特許権といった順番で各権利が学べるような構成になっていました。

それに対して、本書は、知的財産権をめぐる揉め事を類型化して解説しながら、各所で必須と思われる事項を優先して説明している点が大きく異なっています。

これは、「はじめに」でもご説明したように、現代社会では、別々に発達してきた知的財産権が互いに絡み合う事例が増えていることを強く意識したためです。読者のみなさんに、複数の知的財産権による複合的・多面的な保護の可能性について理解していただくために、このような構成とさせていただきました。特に負担を感じることなく、最後まで楽しく読み進められたことを願っています。

ページ数の制約から説明できなかった事項も少なくありませんが、『楽しく学べる「知財」入門』で知識を補完できるようになっておりますので、ぜひそちらも手に取っていただければと思います。

ところで、本書のタイトルは、「こうして知財は炎上する」という、少し「煽《あお》り」の入ったものとなっています。最近の傾向として、知的財産権に関する事件が起こると、法的には問題なくても「炎上」する事例が増えています。一般の方々に、感情に流されてヒステリックに騒ぎ立てないための「知財リテラシー」を身に付けてもらうことも、本書に込めた私の願いです。

また、実務の現場では、「忖度」が行われる局面も増えています。知的財産権による保護が及ばないことが明確なものであっても、商取引が行われている事例があることは、本書でも少し触れました。本来であればセーフなものであっても、他者と揉めるリスクを心配して、必要以上に委縮している好例と言えましょう。知的財産権をめぐる揉め事が、ニュースを除きテレビ番組でなかなか取り上げられないのも、メディアの世界にも関係者(スポンサー企業や出演者)に対する「忖度」が働くためです。自主規制が進みすぎると、その息苦しさから新たな創造の可能性も小さくなってしまうような気がしてなりません。

ここで本書の出版に際し、お世話になったみなさまにこの場を借りてお礼申し上げます。

まず、お忙しいところ快《こころよ》く取材に応じて下さった関係者の皆さまには心から感謝いたします。おかげさまで、本書の内容をたいへん充実させることができました。

また、本書の執筆にあたって、鉄道関連技術の特許出願状況について、イーパテント代表の野崎篤志さんからデータをご提供いただきました。中国における知的財産保護については、中国・北京在住の山口直彦弁理士からアドバイスをいただきました。

さらに、渥美元幸弁理士、小松悠有子弁理士、塚原憲一弁理士、安高史朗弁理士、黒崎文枝弁理士、野田章史弁理士、中村祥二弁理士、大泉俊雄さん、小澤一恵さん、城田衣さんには、すべての原稿に目を通していただきました。ご協力に感謝します（もちろん、文責が私ひとりにあることは言うまでもありません）。

NHK出版、放送・学芸図書編集部の山北健司氏さんにも、執筆段階で様々なアドバイスをいただくなど、大変お世話になりました。もちろん、「知財オタク」丸出しの私に最後まで付き合っていただいた読者のみなさまにも、心より御礼申し上げます。

## おことわり

＊本書に掲載した特許、実用新案、意匠、商標の出願・審査・審判・登録等に関するデータの大部分は、経済産業省所管の「独立行政法人　工業所有権情報・研修館」が提供している「特許情報プラットフォーム（J-PlatPat）」(https://www.j-platpat.inpit.go.jp/web/all/top/BTmTopPage) で検索して得られたもの、及び特許庁が提供する「インターネット出願ソフト」のオンライン閲覧により得られたものに基づいています。これらによって得られた公報類・審査書類・審判書類等に掲載されている文章や図面等は、著作権法第32条で認められた範囲内で引用しています。また、特許、実用新案、意匠、商標の審査状況及び権利状況は、２０１８年6月30日現在で得ることができたものです。

＊本書に掲載した裁判に関するデータの大部分は、裁判所ウェブサイトの「判例検索システム（知的財産裁判例集）」(http://www.courts.go.jp/app/hanrei_jp/search7) で検索して得られたものに基づいています。これによって得られた判決文及び別紙に掲載されている文章や図面等は、著作権法第32条で認められた範囲内で引用しています。

＊本文で引用されている関係者への取材は、すべて事実に基づいたものです。関係者への取材は、主に２０１８年3月から6月にかけて筆者自身によって電子メール、ウェブサイトの質問フォーム、電話、郵便などの形式で行われました。本書に記載している内容は取材時のものです。

＊引用にあたり、きわめて難解な漢字、明らかな誤字・脱字・句読点の誤りについては同一性を損ねない範囲で一部改めました。なお、引用文中の省略部分については「……」と表記しています。

## 【主要参考文献】（参照順）

### 【書籍】


稲穂健市『楽しく学べる「知財」入門』講談社現代新書、2017年
経済産業省特許庁、工業所有権情報・研修館『産業財産権標準テキスト総合編（第4版）』発明推進協会、2012年
知的財産教育協会編『知的財産管理技能検定 3級公式テキスト［改訂8版］』アップロード、2016年
A・A・ミルン（著）、E. H. シェパード（イラスト）『クマのプーさん』新版、石井桃子訳、岩波少年文庫、2000年
足立勝『アンブッシュ・マーケティング規制法――著名商標の顧客誘引力を利用する行為の規制』創耕舎、2016年
特許庁編『商標審査基準』改定第13版、発明推進協会、2017年
加戸守行『著作権法逐条講義　六訂新版』公益財団法人著作権情報センター、2013年
島並良、上野達弘、横山久芳『著作権法入門　第2版』有斐閣、2017年
福井健策『著作権の世紀――変わる「情報の独占制度」』集英社新書、2010年
池村聡『はじめての著作権法』日経文庫、2018年
特許庁編『工業所有権法逐条解説（第19版）』発明推進協会、2012年
吉藤幸朔、熊谷健一『特許法概説（第13版）』有斐閣、1998年
稲森謙太郎『知られざる特殊特許の世界』太田出版、2000年
稲森謙太郎『女子大生マイの特許ファイル』楽工社、2010年
稲森謙太郎『すばらしき特殊特許の世界』太田出版、2014年
香山リカ『リカちゃんコンプレックス』太田出版、1991年
中山信弘、大渕哲也、小泉直樹、田村善之『著作権判例百選　第4版』有斐閣、2009年
小泉直樹、田村善之、駒田泰土、上野達弘『著作権判例百選　第5版』有斐閣、2016年

スマップ研究会『SMAP大研究』鹿砦社、1995年
新垣隆『音楽という〈真実〉』小学館、2015年
山田奨治『日本の著作権はなぜこんなに厳しいのか』人文書院、2011年
もへろん『ひこねのよいにゃんこのおはなし』サンライズ出版、2007年
牧村康正、山田哲久『「宇宙戦艦ヤマト」をつくった男——西崎義展の狂気』講談社、2015年
梶原一騎、団鉄也「新戦艦大和」『少年画報』第16巻第9号9月号ふろく、1963年
渋谷達紀『知的財産法講義II 第2版 著作権法・意匠法』有斐閣、2007年

【雑誌記事】

中村仁、土生真之「スポーツイベントの商標保護 ～アンブッシュ・マーケティングを中心として～」『パテント』Vol.67 No.5、日本弁理士会、2014年
黒田健二「アンブッシュマーケティングの現状と実務上の対策」『ジュリスト』4月号、有斐閣、2017年
中川祐「アンブッシュ・マーケティング規制について」『国際商事法務』Vol.44 No.4、国際商事法研究所、2016年
「巻頭カラー／春、こんな素敵な恋をしてみたい」『POTATO』5月号、学習研究社、1992年
岡邦俊「続・著作権の事件簿（176）翻案権を「特掲」しない著作権譲渡契約について法61条2項の推定を覆した事例——「キャラクター・ひこにゃん」事件——」『JCAジャーナル』第60巻10号、日本商事仲裁協会、2013年
白井里央子「知っておきたい最新著作権判決例6」『パテント』Vol.70 No.12、日本弁理士会、2017年
脇坂祐子「知っておきたい最新著作権判決例3」『パテント』Vol.69 No.12、日本弁理士会、2016年
「髙島屋鈴木社長に聞く——営業益海外比率、5年で3割に。」『日経MJ』2011年4月29日
坂本安孝「知的財産をめぐる移転価格税制上の問題についての考察（その2）」『知財管理』Vol.63 No.9、2013年
「藤井聡太フィーバーで判明した「棋譜使用料」は10万円！」『週刊ポスト』2018年3月2日号

**【報告書、マニュアル等】**

「大会ブランド保護基準 ver.3.4 2017 August」東京オリンピック・パラリンピック競技大会組織委員会、2017年
「特許行政年次報告書2018年版」特許庁、2018年
「特許庁ステータスレポート2018」特許庁、2018年
「中国進出における委託加工貿易、技術ライセンスの契約、商標に関するQ&A集」JETRO、2008年
「中国ライセンスマニュアル」JETRO、2011年
「中国技術輸出管理条例に関する技術供与者のリスク低減のための契約条項案と契約スキームの検討」JETRO北京事務所知的財産権部、2015年
「〝全聾の天才作曲家〟5局7番組に関する見解」放送倫理・番組向上機構（BPO）、2015年
「植物品種の海外出願の推進について」農林水産省食料産業局知的財産課、2018年
「平成24年度アジア拠点化立地推進調査等事業（国際租税問題に関する調査（タックスヘイブン対策税制及び無形資産の取扱いについて））調査報告書」経済産業省、2013年
「不正競争防止法等の一部を改正する法律案（不正競争防止法、工業標準化法、特許法等）の概要」経済産業省、2018年

**【各種ウェブサイト】**

文化庁／著作権情報センター／特許庁／特許情報プラットホーム（J-PlatPat）／裁判所／ウィキペディア／Twitter／パテントサロン／弁護士ドットコム／駒沢公園行政書士事務所日記／企業法務戦士の雑感／栗原潔の記事一覧（Yahoo!ニュース個人）／栗原潔のIT弁理士日記／牛木内外特許事務所／東京2020公式ページ／日本商工会議所／Nike.com／JASRAC／音楽教育を守る会／Amazon.co.jp／デンソーウェーブ／タカラトミー／コメダホールディングス／ペッパーランチサービス／大王製紙／日本製紙クレシア／アップル（日本）／税関（Japan Customs）／世界知的所有権機関（WIPO）／彦根市／土佐清水市／まるや八丁味噌／台東区立書道博物館／Sci-Hub（サイハブ）／髙島屋

＊その他、多くの新聞記事やウェブサイトを参考にさせていただきました。

稲穂健市 いなほ・けんいち
東京都生まれ。東北大学研究推進・支援機構特任准教授、
弁理士、米国公認会計士(デラウェア州Certificate)。
横浜国立大学大学院工学研究科博士前期課程修了後、
大手電気機器メーカーにおいてソフトウェア関連発明の権利化業務、
新規事業領域における企画推進・産学連携・国際連携などに従事。
米国カリフォルニア州にある研究開発拠点の運営に約7年間かかわる。
知的財産権を楽しくわかりやすく伝える知財啓発の第一人者。
主な著書に『楽しく学べる「知財」入門』(講談社現代新書)。
科学技術ジャーナリスト(筆名:稲森謙太郎)名義の著作も多数。

NHK出版新書 558

こうして知財は炎上する
ビジネスに役立つ13の基礎知識

2018(平成30)年8月10日　第1刷発行

著者　稲穂健市 
発行者　森永公紀
発行所　NHK出版
〒150-8081東京都渋谷区宇田川町41-1
電話 (0570) 002-247 (編集) (0570) 000-321(注文)
http://www.nhk-book.co.jp (ホームページ)
振替 00110-1-49701

ブックデザイン　albireo
印刷　慶昌堂印刷・近代美術
製本　藤田製本


Printed in Japan ISBN978-4-14-088558-1 C0234